Transformaties in de jeugdzorg

Het tijdschrift *Kind en Adolescent* is een uitgave van Bohn Stafl eu van Loghum, onderdeel van Springer Media.

Naast het wetenschappelijke *Kind en Adolescent* is er het praktijkgerichte tijdschrift *Kind en Adolescent* Praktijk. Beide tijdschrift en zijn opgenomen in *BSL Psychologie Totaal*.

Redactie Kind en Adolescent
Dr. S. Begeer
Dr. L. Boendermaker
Prof. dr. H. Colpin
Drs. M.H.W. Geeraets, *voorzitter*
Dr. H.M.Y. Koomen
Dr. N.N.J. Lambregts-Rommelse
Prof. dr. K.G. Van Leeuwen
Dr. R.J.L. Lindauer
Prof. dr. G.J. Overbeek
Prof. dr. P. Prinzie
Dr. B. Soenens
Dr. G.W.J.M. Stevens

Redactiesecretaris
Drs. G.A. Smid
Email: kindenadolescent@gmail.com

Kopij voor Kind en Adolescent kunt u online insturen: https://www.editorialmanager.com/kiad/

Abonnementen
Klantenservice Bohn Stafl eu van Loghum
Postbus 246
3990 GA Houten
tel. (030) 638 37 36
www.bsl.nl

Uitgever
Joyce Rodenhuis

Redactie:

Sander Begeer
Leonieke Boendermaker
Hilde Colpin
Marca Geeraets
Helma Koomen
Nanda Lambregts-Rommelse
Karla Van Leeuwen
Ramon Lindauer
Geertjan Overbeek
Peter Prinzie
Gerda Smid
Bart Soenens
Gonneke Stevens

Transformaties in de jeugdzorg

35 jaar wetenschap

Bohn
Stafleu
van Loghum

Houten 2016

ISBN 978-90-368-1494-2   ISBN 978-90-368-1495-9 (eBook)
DOI 10.1007/978-90-368-1495-9

© Bohn Stafleu van Loghum, onderdeel van Springer Media BV 2016
Alle rechten voorbehouden. Niets uit deze uitgave mag worden verveelvoudigd, opgeslagen in een geautomatiseerd gegevensbestand, of openbaar gemaakt, in enige vorm of op enige wijze, hetzij elektronisch, mechanisch, door fotokopieën of opnamen, hetzij op enige andere manier, zonder voorafgaande schriftelijke toestemming van de uitgever.

Voor zover het maken van kopieën uit deze uitgave is toegestaan op grond van artikel 16b Auteurswet j° het Besluit van 20 juni 1974, Stb. 351, zoals gewijzigd bij het Besluit van 23 augustus 1985, Stb. 471 en artikel 17 Auteurswet, dient men de daarvoor wettelijk verschuldigde vergoedingen te voldoen aan de Stichting Reprorecht (Postbus 3060, 2130 KB Hoofddorp). Voor het overnemen van (een) gedeelte(n) uit deze uitgave in bloemlezingen, readers en andere compilatiewerken (artikel 16 Auteurswet) dient men zich tot de uitgever te wenden.

Samensteller(s) en uitgever zijn zich volledig bewust van hun taak een betrouwbare uitgave te verzorgen. Niettemin kunnen zij geen aansprakelijkheid aanvaarden voor drukfouten en andere onjuistheden die eventueel in deze uitgave voorkomen.

NUR 770
Omslagontwerp: Anita Amptmeijer-Klomps – bno
Automatische opmaak: Scientific Publishing Services (P) Ltd., Chennai, India

Bohn Stafleu van Loghum
Het Spoor 2
Postbus 246
3990 GA Houten

www.bsl.nl

Voorwoord

Het tijdschrift *Kind en Adolescent* vierde in 2015 zijn zevende lustrum! Vijfendertig jaar actuele Nederlandstalige wetenschappelijke publicaties bestemd voor de pedagogische, psychiatrische en psychologische praktijk rondom kinderen en jeugdigen. De keuze voor een breed opgezet lustrumnummer lag voor de hand, want naar de (bedreigde) ontwikkeling van kinderen kan vanuit meerdere invalshoeken worden gekeken. Vanuit de invloed van de schoolcontext, de rol van ouders, maar ook vanuit de impact van neurobiologische factoren.

Het leidend thema: in welk opzicht is ons denken veranderd, getransformeerd door wat wetenschappelijk onderzoek ons de afgelopen 35 jaar heeft opgeleverd en wat betekent dat voor ons handelen in de klinische praktijk? En, ook niet onbelangrijk: waarvan weten we nu beter wat we eigenlijk nog helemaal niet weten?

Het succes was overweldigend. De, in verband met het lustrum, extra gedrukte exemplaren waren bijlange na niet toereikend. Deze speciale boekuitgave maakt het mogelijk de artikelen en columns, waaraan zowel auteurs als redactie met veel plezier hebben gewerkt, onder de aandacht te brengen van een groter publiek.

Voor de artikelen gold: geen strak format voor de opbouw. Voor de columns: ruimte voor bespiegelingen en interpretaties. Kortom: feest. Het gevolg: een afwisselend themanummer voor elk wat wils.

Bescheidenheid is op zijn plaats, want de auteurs van de artikelen en columns zijn het over een aantal dingen eens: onze kennis is toegenomen, maar we weten nog lang niet voldoende. Echter: hoewel we beter weten wat we wel en (nog) niet weten, wordt nog niet altijd in de praktijk benut waar evidentie voor is. Zo duikt nog regelmatig het misverstand op dat slechts 15% van de uitkomsten van een behandeling wordt bepaald door specifieke methodiekfactoren. En dat voor het slagen van een behandeling de kwaliteit van de werkrelatie met de hulpverlener een veel grotere rol zou spelen. Hoewel deze mythe reeds in 2010 onderuit is gehaald (Van Yperen et al. 2010), blijft dit in de praktijk een veel gehoord argument tegen het werken met behandelingen waarvan door onderzoek is aangetoond dat ze effectief zijn. Verspreiding van de kennis van wat we inmiddels toch echt wel weten, is van groot belang. Publicaties, zoals deze lustrumuitgave, kunnen daar een bijdrage aan leveren.

De redactie dankt alle auteurs en beoordelaars van de afgelopen jaren voor hun wetenschappelijke zorgvuldigheid en ambitie om goed uitgewerkte en prettig leesbare artikelen op te leveren. Wij zijn hun zeer erkentelijk.

En hoewel ook de uitgeverswereld transformeert van papieren versies naar online, van tijdschrift naar bundel: over vijf jaar vieren wij gewoon weer een lustrum. En hopelijk met u als lezer, en wellicht als auteur of (gast)beoordelaar, zodat de praktijk kan blijven profiteren van wat wetenschappelijk onderzoek ons leert en hoe het ons handelen kan blijven beïnvloeden.

Mogen we de komende jaren nog meer in staat zijn om verbindingen te leggen tussen de verschillende disciplines. Want wat zouden we bijvoorbeeld uit de behandeling van dwangstoornissen kunnen leren voor de behandeling van gedragsstoornissen? En hoe zouden we kennis van disciplines buiten de pedagogische, psychiatrische en psychologische praktijk kunnen benutten? Als het waar is dat innovaties worden gefaciliteerd door inspiratie op te doen buiten de fundamenten van ons vertrouwde referentiekader (Johnson, 2010), dan is het advies aan u lezer: leest u vooral de artikelen over de onderwerpen die *niet* binnen uw dagelijkse interessesfeer liggen. Wij wensen u veel leesplezier.

Drs. Marca Geeraets is GZ-psycholoog, werkzaam bij Bureau PEERS en voorzitter van de redactie van Kind en Adolescent. ►marcageeraets@bureaupeers.nl

Literatuur

Johnson, S. (2010). *Where Good Ideas Come from. The Seven Patterns of Innovation*. London: Penguin Books.

Yperen, T. A. van, Steege, M. van der, Addink, A., & Boendermaker, L. (2010). *Algemeen en specifiek werkzame factoren in de jeugdzorg. Stand van de discussie*. Utrecht: NJI.

Inhoud

1	**Heeft wetenschappelijk onderzoek op het terrein van de kinder- en jeugdpsychiatrie opgeleverd wat we verwacht hadden?**	1
	Frank C. Verhulst	
1.1	Inleiding	2
1.2	Terugblik	2
1.3	De jaren tachtig en negentig van de vorige eeuw	5
1.4	De eenentwintigste eeuw	8
1.5	Vooruitblik	15
	Literatuur	17
2	**Transitie en transformatie in de jeugdzorg**	21
	Jan M.A.M. Janssens	
2.1	Inleiding	22
2.2	Jeugdzorg	23
2.3	Problemen	23
2.4	Een betere toekomst?	30
2.5	Slot	31
	Literatuur	32
3	**35 jaar integratieonderzoek: ontwikkelingen en opbrengsten**	33
	Trees Pels	
3.1	Ontwikkelingen in het onderzoek	34
3.2	Wat heeft het onderzoek gebracht?	35
3.3	En hoe verder?	36
	Literatuur	36
4	**Ontwikkeling en onderwijs: de bijdrage van bio-ecologische ontwikkelingsmodellen aan onderwijsonderzoek**	37
	Karine Verschueren	
4.1	Inleiding	38
4.2	De rol van leerkracht-kindinteracties in de ontwikkeling op school	38
4.3	De rol van leeftijdgenoten in de ontwikkeling op school	42
4.4	Samenspel met genetische factoren	45
4.5	Conclusies en praktische implicaties	46
	Literatuur	46
5	**Verandering in de kinderbescherming; de ontwikkeling van het kind staat nu centraal**	51
	Wim Slot	
	Literatuur	53

6	**Ouders van kinderen met ASS door de jaren heen – The hand that rocks the cradle**	55
	Ina van Berckelaer Onnes	
6.1	Inleiding	56
6.2	Ouders in de jaren veertig en vijftig: scapegoats?	56
6.3	De jaren zestig: ouders en deskundigen op de barricade	58
6.4	Jaren zeventig en tachtig van scapegoat naar cotherapeut	59
6.5	Ouders van nu	60
6.6	Een terugblik met enkele implicaties voor de praktijk	62
	Literatuur	63
7	**Neurobiologische factoren en antisociaal gedrag: Nurture, Nature, Narture**	65
	Arne Popma	
	Literatuur	71
8	**De dwangstoornis bij kinderen en jongeren, verklaringsmodellen en behandeling: een overzicht van nieuwe ontwikkelingen**	73
	Else de Haan, Lidewij H. Wolters en Elske Salemink	
8.1	Inleiding	75
8.2	Theoretische modellen	76
8.3	Behandeling	77
8.4	Nieuwe vormen van behandeling	81
8.5	Conclusie	82
	Literatuur	82
9	**Wat doen we met de kinder- en jeugdpsychiatrie?**	85
	Harrie M.P. van Leeuwen	
9.1	Het instituut in de verzorgingsstaat	86
9.2	De introductie van marktwerking	87
9.3	Anno 2015	88
	Literatuur	89

Heeft wetenschappelijk onderzoek op het terrein van de kinder- en jeugdpsychiatrie opgeleverd wat we verwacht hadden?

Frank C. Verhulst

1.1 Inleiding – 2

1.2 Terugblik – 2

1.3 De jaren tachtig en negentig van de vorige eeuw – 5
1.3.1 Genetisch onderzoek – 5
1.3.2 Epidemiologisch onderzoek – 6
1.3.3 Biologische factoren – 7
1.3.4 Diagnostisch onderzoek – 8

1.4 De eenentwintigste eeuw – 8

1.5 Vooruitblik – 15

Literatuur – 17

Frank C. Verhulst MD, PhD is hoogleraar kinder- en jeugdpsychiatrie en afdelingshoofd van de afdeling Kinder- en Jeugdpsychiatrie/psychologie van het ErasmusMC te Rotterdam.
Deze bijdrage is grotendeels ook gepubliceerd in: *Veertig Jaar Kinder- en Jeugdpsychiatrie: Terugblikken en Vooruitzien*. Liber Amicorum voor Fop Verheij. Assen: Van Gorcum, 2014.

© Bohn Stafleu van Loghum, onderdeel van Springer Media BV 2016
S. Begeer et al. (Red.), *Transformaties in de jeugdzorg*, DOI 10.1007/978-90-368-1495-9_1

1.1 Inleiding

Selma Fraiberg (1959, p. 119) beschreef in *The Magic Years* hoe in iedere twee-/driejarige een wetenschapper schuilt. De kleine geleerde observeert, experimenteert, analyseert en heeft theorieën over de oorzaak van het geobserveerde. Deze theorieën wortelen echter vaak nog in magie. Zo haalt Fraiberg een anekdote van Piaget aan die beschrijft hoe zijn achttien maanden oude dochtertje dacht dat de wolken, net als de rook uit haar vaders pijp, ook door haar vader werden gemaakt. Sommige experimenten verschaffen op pijnlijke wijze empirische kennis, zoals de driejarige die ondanks waarschuwingen van zijn moeder toch zelf moet ontdekken dat de gasbrander, ook al is de vlam net uit, nog heel heet is. Dit alles maakt dat mensen ideeën ontwikkelen over causale relaties die ons in staat stellen ons in de complexe wereld om ons heen te begeven.

Ook in de geneeskunde speelden magische verklaringen voor causale relaties een rol, zoals in de oudheid toen toename van rabiës werd toegeschreven aan de bewegingen van de Ster Sirius aan de hemel en uitbraken van dysenterie aan overstromingen van de Nijl (Fox et al. 1970, p. 19). Pas veel later, onder andere door systematische vergelijkingen en gebruikmakend van statistiek, kreeg men inzicht in de oorzaak van infectieziekten en weer later richtte etiologisch onderzoek zich op complexe, niet-infectieuze aandoeningen, zoals hart- en vaatziekten, diabetes, kanker en psychiatrische stoornissen. Essentieel hierbij is het besef dat ziekten niet uitsluitend door toeval ontstaan maar in patronen die een uiting zijn van onderliggende mechanismen. Uiteraard heeft dit soort wetenschappelijk kennis als doel bij te dragen aan het bevorderen van gezondheid. Vaccinatie, screening bij pasgeborenen door middel van de hielprik of de preventie van rhesusziekte zijn voorbeelden uit de algemene (preventieve) geneeskunde. Recente uitbreiding van kennis van de genetica, technische ontwikkelingen, zoals op het gebied van imaging, en geneesmiddelenonderzoek zijn verantwoordelijk voor een enorme toename aan mogelijkheden op het gebied van diagnostiek en van preventieve en curatieve interventies. De meest recente ontwikkeling is de introductie van 'personalised medicine', waarbij verfijnde diagnostiek mogelijkheden biedt om voor relatief kleine en specifieke patiëntenpopulaties een op deze populaties toegespitste specifieke behandeling te geven.

In het veld van de kinder- en jeugdpsychiatrie heeft het wetenschappelijk onderzoek de laatste decennia een grote ontwikkeling doorgemaakt. Het antwoord op de vraag wat de rol is van wetenschappelijk onderzoek in de kinder- en jeugdpsychiatrie zal noch compleet, noch objectief zijn en zal door eigen ervaringen zijn gekleurd. Alhoewel het onderwerp wetenschappelijk onderzoek in de kinder- en jeugdpsychiatrie is, wil dit niet zeggen dat dit alleen het werk van kinder- en jeugdpsychiaters is. De ontwikkeling van kennis van de kinder- en jeugdpsychiatrie wordt in belangrijke mate beïnvloed door de bijdrage van psychologen, (neuro)biologen, epidemiologen en sociologen.

1.2 Terugblik

Tot en met de jaren zeventig van de vorige eeuw speelde wetenschappelijk onderzoek in de kinder- en jeugdpsychiatrie nagenoeg geen rol. De kinder- en jeugdpsychiatrische praktijk werd in die tijd gedomineerd door allesomvattende (psychotherapeutische) theorieën, zoals de psychoanalyse en de leertheorie. Diagnostische procedures en behandelingsstrategieën waren voornamelijk gebaseerd op klinische ervaringen die in de literatuur werden gedeeld, maar die nauwelijks aan wetenschappelijke toetsing werden onderworpen.

Uitzondering daarop vormde het onderzoek naar autisme en onderzoek naar de effecten van methylfenidaat op ADHD. Biochemische en psychofysiologische correlaten werden al in de jaren zestig en zeventig van de vorige eeuw beschreven (Engeland 1980; Minderaa 1985). Conners (Conners en Eisenberg 1963; Conners et al. 1967) onderzocht het effect van methylfenidaat op impulsief en aandachtsgestoord gedrag bij kinderen. Er werd onder andere een dubbelblind gecontroleerd onderzoek uitgevoerd naar het effect van methylfenidaat op externaliserend gedrag bij een kleine groep patiënten, waarin een sterk positief effect op dit gedrag werd aangetoond.

De vroegere hang in de kinder- en jeugdpsychiatrie naar allesomvattende theorieën om gedragsproblemen en emotionele problemen van kinderen en jeugdigen te verklaren, zoals de psychoanalyse of de leertheorie, doet denken aan de tijd van Hippocrates, die ondanks scherpe observaties toch greep naar een globale allesomvattende hypothese om alle ziekten te verklaren. In de algemene geneeskunde is het idee dat alle ziekten vanuit één visie kunnen worden verklaard al lang verlaten. In de kinder- en jeugdpsychiatrie is de overgang naar het idee dat observaties en systematisch vergelijken met behulp van statistiek vooraf moeten gaan aan theorie en mogelijk slechts leiden tot deeltheorieën, pas laat gemaakt. Uiteindelijk bleek de toenemende behoefte dogma's te laten voor wat ze zijn en een praktijk na te streven die voor zover mogelijk empirisch is getoetst, of bereid is zich aan empirische toetsen te onderwerpen, sterker dan de wens om vanuit één enkele visie alle psychopathologie te verklaren. Dit heeft ook wel geleid tot een zekere leegte en stuurloosheid. Het heeft even geduurd voordat de praktijk, gebruikmakend van een toenemend aantal empirische gegevens en minitheorieën en met het ontbreken van een allesomvattend integratief model, een hernieuwde focus had gevonden.

In de jaren zestig en zeventig van de vorige eeuw is een aantal onderzoekers toonaangevend geweest in de kinder- en jeugdpsychiatrie. Zonder volledig te willen zijn worden hier drie van hen genoemd: Michael Rutter, Lee Robins en Tom Achenbach.

Michael Rutter van het *Institute of Psychiatry* in London is ongetwijfeld de kinder- en jeugdpsychiater die internationaal de toon heeft gezet op het gebied van empirisch onderzoek in de kinder- en jeugdpsychiatrie. Hij draagt tot op heden bij aan de wetenschappelijke ontwikkelingen binnen de kinder- en jeugdpsychiatrie met zijn eigen onderzoek, zijn scherpe analyses en zijn visie over onderwerpen die vele terreinen bestrijken zoals genetica, epidemiologie, diagnostiek en neuroimaging. Het onderzoek dat als een historisch keerpunt kan worden gezien in de geschiedenis van het wetenschappelijk onderzoek in de kinder- en jeugdpsychiatrie is de '*Isle of Wight Study*' (Rutter et al. 1970). Hoewel eerder ook al empirisch onderzoek werd verricht, verschafte dit epidemiologisch onderzoek inzichten die zowel methodologisch, klinisch als vanuit een public health perspectief vernieuwend waren voor het vakgebied. Dit onderzoek onder tien- en elfjarigen leverde de eerste prevalentiecijfers op van psychiatrische stoornissen gebaseerd op psychiatrische interviews en beschreef dat van de kinderen in de algemene bevolking met een psychiatrische stoornis slechts een minderheid zorg ontving. Sociaaleconomische klasse, gezinsgrootte, IQ, leerstoornissen en neurologische stoornissen zoals epilepsie bleken geassocieerd met het voorkomen van psychiatrische stoornissen. Dit onderzoek was destijds ook baanbrekend door de gehanteerde methodologie, vooral die voor het vaststellen van diagnostische gegevens en van de selectie van kinderen in de algemene bevolking met een stoornis. Rutter en anderen (1970) beschreven dat ouders en leerkrachten nauwelijks met elkaar overeenkwamen in hun oordeel over de aanwezige symptomen van het kind. Slechts in 10% van de gevallen identificeerden ouders en leerkrachten dezelfde kinderen als probleemkind.

De in 2009 overleden Amerikaanse socioloog en psychiatrisch epidemioloog, Lee Robins, is voor ons vak van belang geweest door aan te tonen dat er een duidelijk verband bestaat tussen antisociaal gedrag in de kindertijd en sociaal disfunctioneren op volwassen leeftijd (Robins 1974). Zij traceerde 524 volwassenen die als kind in een Child Guidance Clinic in Saint Louis, Verenigde Staten, ongeveer dertig jaar eerder werden behandeld. Deze volwassenen werden vergeleken met leeftijdgenoten die als kind een blanco voorgeschiedenis hadden. Kinderen die destijds werden verwezen voor externaliserend gedrag, bleken een slechtere prognose te hebben dan kinderen verwezen voor internaliserend gedrag. Dit soort onderzoek, dat gebruikmaakte van ongestandaardiseerde retrospectieve gegevens die niet bij voorbaat voor wetenschappelijk onderzoek werden verzameld en dat bovendien werd verricht in een geselecteerde onderzoeksgroep, zal onzuivere gegevens opleveren. Het duurde nog geruime tijd eer prospectief longitudinaal onderzoek in representatieve populaties werd uitgevoerd om het beloop en de etiologie van psychiatrische stoornissen op de kinderleeftijd en in de adolescentie te bestuderen.

De in 1966 verschenen monografie van de toen vierentwintigjarige Amerikaanse psycholoog Tom Achenbach kan eveneens als een mijlpaal worden beschouwd. Achenbach (1966) introduceerde een benadering die hij de rest van zijn arbeidsleven tot op de dag van vandaag heeft uitgewerkt, namelijk het op gestandaardiseerde wijze verkrijgen van gegevens over gedragsproblemen en emotionele problemen van kinderen en jeugdigen en het onderwerpen van deze kwantitatieve gegevens aan multivariate statistische technieken. Voor deze monografie maakte hij gebruik van de voorloper van wat later de CBCL (Child Behavior Checklist) zou worden. Na feedback van hulpverleners en ouders, het uittesten van verschillende items en diverse proefversies duurde het nog tot 1978 vooraleer hij met de eerste publicatie van de CBCL kwam (Achenbach 1978). De ASEBA (*Achenbach System of Empirically-Based Assessment*) vragenlijsten werden tot nu toe in meer dan 8.000 wetenschappelijke publicaties gebruikt. De benadering waarmee de (statistische) samenhang van kenmerken wordt bepaald aan de hand van gegevens die zijn verzameld met gestandaardiseerde instrumenten voor grote populaties wordt een *empirische* of *bottom-up* benadering genoemd, waarbij gebruik wordt gemaakt van psychometrische principes om *syndromen* of schalen te vormen. Dit in tegenstelling tot de *top-down* benadering van classificatiesystemen zoals de DSM en ICD die zijn opgebouwd uit categorieën die door experts op basis van consensus zijn gedefinieerd. Achenbach heeft met dit werk, soms tegen de stroom in roeiend, kennis toegevoegd die het vak onomkeerbaar heeft veranderd.

Van Achenbach zijn de termen *externaliseren* en *internaliseren* afkomstig. Ook introduceerde hij de term *developmental psychopathology*: het geheel aan opvattingen, methoden en vraagstellingen om een beter begrip te krijgen van afwijkend gedrag in het licht van de ontwikkelingstaken, -stadia en -processen die de menselijke groei kenmerken. Hij gebruikte deze term voor het eerst als titel voor een boek dat in 1974 werd uitgegeven (Achenbach 1974). Tot de publicaties van Achenbach werd het ontbreken van overeenstemming tussen verschillende informanten (bijvoorbeeld ouder, leerkracht en het kind zelf) vaak gezien als een storende bijkomstigheid waar men geen raad mee wist. Door het systematische werk van Achenbach is men gaan inzien dat discrepanties tussen informanten een realiteit is en dat overeenkomsten en discrepanties tussen informanten potentieel valide informatie bevatten die op systematische wijze kan worden onderzocht (Achenbach et al. 1987).

1.3 De jaren tachtig en negentig van de vorige eeuw

De jaren tachtig en negentig van de vorige eeuw waren de jaren dat in ons land het empirisch onderzoek in de kinder- en jeugdpsychiatrie een vlucht nam. Vanuit het niets ontstonden onderzoekskernen in Utrecht en Rotterdam op het gebied van biologische kinder- en jeugdpsychiatrie en epidemiologie. Deze groeiden in de jaren erna uit tot Nederlandse onderzoeksgroepen die internationale bekendheid verwierven. Terugkijkend waren dit ook jaren van groeimogelijkheden. Met een sterke afdeling algemene epidemiologie op de achtergrond werd in Rotterdam de keuze gemaakt het onderzoek toe te spitsen op de epidemiologie van psychiatrische stoornissen op de kinderleeftijd en in de adolescentie (Koot et al. 1999). In Utrecht en later Nijmegen waren het Van Engeland en Buitelaar die met hun biologisch onderzoek internationale bekendheid verwierven. Ook elders in ons land kwam empirisch onderzoek van de grond, maar alleen in Rotterdam en Utrecht bleek de kinder- en jeugdpsychiatrie bestand tegen de *'publish or perish'*-attitude in de universitair medische wereld en bleef uiteindelijk in deze twee steden de kinder- en jeugdpsychiatrie integraal onderdeel van het universitair medisch centrum.

De introductie van de DSM-III in 1980 markeert een internationaal keerpunt (American Psychiatric Association 1980). Hoewel niet duidelijk is of de DSM-III de *oorzaak* was van deze kentering of een *exponent* van een al in gang gezette verandering, lijkt de introductie van de DSM-III, met daarin een uitgebreide sectie met stoornissen in de kindertijd en adolescentie, in ieder geval faciliterend te hebben gewerkt. In rap tempo ontdeed de kinder- en jeugdpsychiatrie zich van de dominantie van voornamelijk ongefundeerde en op autoriteit gebaseerde inzichten en won het belang om ideeën wetenschappelijk te toetsen.

Internationaal werd op enkele terreinen vooruitgang geboekt, onder andere op het gebied van de ontwikkeling van gestandaardiseerde diagnostische methoden; epidemiologisch onderzoek; de rol van genetische en omgevingsinvloeden op het ontstaan van psychopathologie, en op het gebied van farmacologische en psychologische behandelingsmethoden. De derde editie van het tekstboek van Rutter en anderen (Rutter et al. 1994) bevat dan al geen bijdragen meer over de 'grote' allesomvattende theorieën zoals de psychoanalyse en de leertheorie, maar heeft als rode draad de ontwikkelingspsychopathologie, waarin onderzoek naar factoren die verantwoordelijk zijn voor variaties in een aantal ontwikkelingsdomeinen en daarmee variaties in individuele ontwikkeling, centraal staat. Thema's van onderzoek die terugkeren zijn: onderzoek naar het samenspel van genen en omgeving, continuïteit en discontinuïteit tussen psychopathologie van kindertijd en adolescentie tot in de volwassenheid, de rol van biologische factoren bij het ontstaan van psychopathologie, assessmentmethoden en betrouwbaarheid en validiteit van diagnostische categorieën.

1.3.1 Genetisch onderzoek

Familie-, tweeling- en adoptieonderzoek zijn klassieke onderzoeksvormen om de invloed van genen op complexe eigenschappen zoals gedrag, IQ, persoonlijkheid en psychiatrische stoornissen te bepalen. Dit soort onderzoek maakt gebruik van verschillen in de mate van genetische verwantschap. Hoewel de basis al in 1876 door Galton werd gelegd (zie Plomin et al. 1980, p. 25), nam het gedragsgenetisch of kwantitatief genetisch onderzoek naar psychiatrische stoornissen in de laatste twee decennia van de vorige eeuw een grote vlucht. Familieonderzoeken lieten ondubbelzinnig zien dat de grootste risicofactor voor psychiatrische stoornissen het hebben van een eerstegraads familielid met een psychiatrische stoornis is. Tweelingonderzoek en adoptieonderzoek maken gebruik van natuurlijke experimenten, waarbij de variatie in genetische verwantschap tussen broers en zussen bekend is. Monozygote (MZ) tweelingen delen 100 % en dizygote (DZ) tweelingen 50 % van hun genen, terwijl geadopteerde biologische broers en zussen 50 % en niet verwante geadopteerde broers en zussen 0 % van hun genen delen. Als tweelingen en geadopteerde broers en zussen in één gezin opgroeien is het mogelijk de invloed van genen en omgeving op de variatie in gedragseigenschappen te berekenen.

Het is vooral Robert Plomin geweest die onderzoek naar de invloed van genen en omgeving op gedrag heeft ontwikkeld. Het paradoxale is dat zijn werk juist het belang van de invloed van de omgeving liet zien. Genetische factoren samen met gedeelde omgevingsfactoren maken dat kinderen binnen een gezin op elkaar lijken. Voor veel psychiatrische stoornissen bleek dat de genetische component aanzienlijk is, dus dat genetische factoren verantwoordelijk zijn voor een groot deel van de variatie in psychiatrische stoornissen in een populatie. De verschillen tussen kinderen in een gezin worden bepaald door de zogenaamde *niet-gedeelde omgeving*, zoals ziekte, invloeden op school of invloeden van leeftijdgenoten die het ene kind wel en het andere kind niet meemaakt (Plomin en Daniels 1987). Verschillen in de relatie van de ouders met verschillende kinderen kunnen ook worden beschouwd als niet-gedeelde omgevingsfactoren die bijdragen aan verschillen tussen kinderen in een gezin. Deze visie werd met open armen ontvangen omdat gedeelde omgevingsinvloeden, zoals sociaaleconomische klasse of de buurt, zich veel minder dan niet-gedeelde omgevingsinvloeden, zoals interactie met ouders of met leeftijdgenoten, zouden lenen voor interventies. Sinds de publicatie van Plomin en Daniels (1987) is er een hausse aan onderzoek geweest waarin men op systematische wijze specifieke (niet-gedeelde) omgevingsinvloeden heeft onderzocht. De gevonden effecten waren echter meestal zeer klein en dit onderzoek heeft helaas weinig concreets voor de praktijk opgeleverd. Toch zijn de resultaten van het gedragsgenetisch onderzoek, in ons land vormgegeven door de VU-hoogleraar biologische psychologie Dorret Boomsma, van belang (Oord et al. 1996; Valk et al. 1998). Door gedragsgenetisch onderzoek zijn clinici zich veel bewuster geworden van de rol van genetische factoren bij het ontstaan van psychopathologie, hoewel dat in individuele gevallen niet direct aantoonbaar is. Ook werd door gedragsgenetisch onderzoek duidelijk dat de rol van genetische invloeden niet los kan worden gezien van het samenspel van genen met de omgeving. Begrippen als gen-omgevingscorrelatie en gen-omgevingsinteractie werden allang geleden geïntroduceerd (zie Plomin et al. 1980, p. 222), maar kregen de laatste jaren met de opkomst van moleculairgenetisch onderzoek meer aandacht, vooral omdat de zoektocht naar genen verantwoordelijk voor psychiatrische stoornissen teleurstellend was en de hoofdeffecten van genen die geassocieerd bleken met psychiatrische stoornissen zeer klein waren.

1.3.2 Epidemiologisch onderzoek

Epidemiologisch onderzoek, inclusief klinisch epidemiologisch onderzoek, heeft een belangrijke bijdrage geleverd aan het vakgebied met in eerste instantie descriptief epidemiologisch onderzoek (waaronder diagnostisch onderzoek; Verhulst en Koot 1992) en later etiologisch onderzoek. De opkomst van dit onderzoek valt samen met kennis en ervaring op het gebied van de methodologie en toepassing van nieuwe statistische technieken zoals multivariate analyses en het gebruik van latente variabelen (Fergusson 1995). De introductie van de CBCL in Nederland in 1985 (Verhulst 1985) betekende de start van epidemiologisch onderzoek in de kinder- en jeugdpsychiatrie in ons land. In lijn met de internationale ontwikkelingen betrof dit vooral descriptief, crosssectioneel onderzoek. Prevalentieonderzoek en onderzoek naar associaties van demografische kenmerken met de frequentie van stoornissen, zoals associaties met sociaaleconomische klasse, leeftijd, geslacht en urbanisatie, genereerden voor het eerst gegevens over het voorkomen van psychiatrische stoornissen bij kinderen en jeugdigen in de algemene bevolking.

Het prevalentieonderzoek dat in vele landen, waaronder ons land, werd verricht kwam op ongeveer eenzelfde prevalentiecijfer: 7% van de kinderen en jeugdigen in de algemene bevolking heeft een psychiatrische stoornis samengaand met ernstige beperkingen in het dagelijks functioneren. Het Rotterdams epidemiologisch onderzoek heeft daarna veel gegevens opgeleverd over de continuïteit en discontinuïteit van psychiatrische stoornissen bij kinderen en jeugdigen, zowel in de algemene bevolking als in (poli)klinische populaties en zowel binnen een generatie als over generaties heen (Ferdinand 1995; Heijmens Visser 2002; Hofstra 2000; Van Meurs 2009; Reef 2010; Wielemaker 2009). Psychiatrische stoornissen zijn persistent, zelfs over een periode van 24 jaar en vooral in (poli)klinische populaties waar sprake is van chroniciteit. Ook is sprake van transgenerationele overdracht van psychiatrische stoornissen. Behalve prevalentiegegevens, associaties met demografische variabelen en gegevens over het beloop van psychiatrische stoornissen leverde de eerste generatie van epidemiologisch onderzoek ook gegevens over historische trends, de rol van comorbiditeit, hulpbehoefte en hulpzoekgedrag. Daarnaast werden de bevolkingsgegevens gebruikt om het functioneren van hoogrisicopopulaties, zoals internationaal geadopteerde kinderen, kinderen van ouders met een bipolaire stoornis, migrantenkinderen en kinderen met lichamelijke aandoeningen, mee te vergelijken.

Het bespreken van epidemiologisch longitudinaal onderzoek naar psychopathologie op de kinderleeftijd en in de adolescentie is onmogelijk zonder stil te staan bij een longitudinaal onderzoek uitgevoerd in Nieuw Zeeland: *The Dunedin Multidisciplinary Health and Development Study* (Silva en Stanton 1996). Ondanks de vrij kleine onderzochte populatie (1.037 pasgeborenen) en het selecte karakter ervan (een jaarcohort van baby's geboren in één ziekenhuis in Dunedin) heeft dit onderzoek grote internationale bekendheid verworven. Deze bekendheid is vrij laat gekomen en is vooral te danken aan het baanbrekende werk van het echtpaar Moffitt en Caspi, waarbij vooral hun werk over de ontwikkeling van antisociaal gedrag en van depressie internationale bekendheid heeft verworven. De publicatie van Caspi en collega's (2002) waarin zij de interactie tussen een genetische risicofactor en een omgevingsrisicofactor aantoonden, kan waarschijnlijk nu al een historisch hoogtepunt worden genoemd, hoewel de toekomst dat moet uitwijzen (zie later).

1.3.3 Biologische factoren

Onderzoek naar de rol van biologische factoren en het effect van psychofarmaca in ons land vond voor de eeuwwisseling vooral plaats binnen specifieke patiëntenpopulaties, zoals autisme en ADHD (Buitelaar 1991; Gunning 1992), waarbij in eerste instantie in ons land vooral onderzoek naar effecten van geneesmiddelen op de voorgrond stond. Dit onderzoek viel samen met de enorme toename van kennis over de rol van neurotransmitters en het effect van psychofarmaca hierop (Andreasen 2001). Neuroimagingonderzoek, psychofysiologisch onderzoek en moleculair genetisch onderzoek in de kinder- en jeugdpsychiatrie is pas na 2000 goed op gang gekomen. Onderzoek naar neurocognitieve kenmerken zoals *theory of mind* en executieve functies in kinderen met autisme en ADHD, in het buitenland geïnitieerd, is later ook in ons land in onderzoek betrokken (Althaus 2000; Oosterlaan et al. 1998).

1.3.4 Diagnostisch onderzoek

Zoals reeds genoemd, was het eerste epidemiologische onderzoek innovatief omdat gebruik werd gemaakt van gestandaardiseerde diagnostische instrumenten zoals vragenlijsten en interviews. Met de introductie van de CBCL in ons land in 1985 kon er ook van de verdere ontwikkelingen door Achenbach met de CBCL en de leerkracht (TRF)- en zelfrapportage (YSR)-versies worden geprofiteerd. Zo ontwikkelde Achenbach syndroomschalen die identiek waren voor de verschillende informanten, waardoor vergelijking tussen informanten eenvoudiger werd (voor een overzicht over de ontwikkeling van deze instrumenten, zie: Achenbach 2009). Sinds de introductie van gestandaardiseerde assessment is het ook mogelijk geworden om het effect van behandelingen te meten. Dit is uiteraard van groot belang voor de verantwoording van de zorg voor kinderen en jeugdigen met psychiatrische stoornissen.

Ook in Nederland, vooral vanuit Rotterdam, werd veel onderzoek verricht naar de eigenschappen van de CBCL en verwante instrumenten (zie: Achenbach 2009). Bovendien werd met de Nederlandse vertaling van de Diagnostic Interview Schedule for Children (DISC) het gebruik van gestandaardiseerde (DSM) diagnostische interviews geïntroduceerd (Angold en Fisher 1999; Verhulst et al. 1997). Dit schiep de mogelijkheid om de wetenschappelijke betrouwbaarheid van de DSM-III te onderzoeken. Hiermee heeft de DSM-III als katalysator gefungeerd voor verbeterde diagnostiek (Cantwell 1988). Dit onderzoek toonde echter ook aan dat de betrouwbaarheid waarmee DSM-III diagnosen werden gesteld, tekortschoot. Cantwells aanbeveling was dat bij de ontwikkeling van de DSM-IV moest worden gewerkt aan een verbetering van de betrouwbaarheid. Later is men wel meer en meer gaan inzien dat gestandaardiseerde gegevensverzameling van groot belang is om tot betrouwbare diagnosen te komen, hoewel nog steeds niet iedereen dit inzicht in de dagelijkse praktijk geheel deelt. Opvallend is dat de controversen rond de DSM met de introductie van de DSM-5 alleen maar groter zijn geworden (zie later).

1.4 De eenentwintigste eeuw

De hoeveelheid wetenschappelijke activiteit op het gebied van de kinder- en jeugdpsychiatrie is na de eeuwwisseling enorm toegenomen. Door de inhoud van het onderzoek en onder druk van financiers zijn veel tot dan relatief geïsoleerde onderzoeksgroepen gaan samenwerken, zowel nationaal als internationaal. Internationale consortia voor het ontdekken van genen die zijn geassocieerd met kinder- en jeugdpsychiatrische stoornissen, zoals autisme en ADHD, werden gevormd en in ons land zijn *GenerationR* en *TRAILS* multidisciplinaire en multicenteronderzoeken waar een groot aantal onderzoekers met elkaar samenwerken.

Ondanks de onderzoeksactiviteiten kan het laatste decennium het best worden omschreven als het decennium van de ontnuchtering. Een aantal (te hoog gespannen) verwachtingen is niet uitgekomen. Dat is niet zo erg, want onderzoek heeft wel inzicht verschaft in de complexiteit van psychopathologie.

- **Verwachting 1: de identificatie van relevante genen met moleculair genetisch onderzoek zal de praktijk revolutionair veranderen.**

Het meest in het oog springende onderzoeksterrein de afgelopen jaren is het moleculair genetisch onderzoek. Met de komst van het *Human Genome Project* (International Human Genome Sequencing Consortium (IHGSC) (2004) begin deze eeuw, waarin de volgorde

1.4 · De eenentwintigste eeuw

van DNA in het menselijk genoom werd vastgelegd en de opkomst van nieuwere technieken, kwam ook het moleculair genetisch onderzoek in de (kinder- en jeugd)psychiatrie in een stroomversnelling terecht. Zo ontstond de mogelijkheid om de relatie tussen genen en psychiatrische stoornissen in grote populaties te testen en leek het vinden van genen verantwoordelijk voor psychiatrische stoornissen een kwestie van tijd. Dit heeft geleid tot wat Rutter (2006, p. 12) *evangelistic overstatement* noemde en tot onrealistische claims dat het mogelijk is om 'het' gen voor schizofrenie, autisme enzovoorts te lokaliseren. McGuffin en Martin voorspelden in 1999 de volgende ontwikkelingen (McGuffin en Martin 1999):
1. Het identificeren van genen zal het begrip van de moleculaire neurobiologie van psychiatrische stoornissen doen toenemen.
2. Dit zal leiden tot de ontwikkeling van meer werkzame en meer specifieke geneesmiddelen.
3. DNA-tests kunnen worden gebruikt om de reactie op behandeling en de gevoeligheid voor bijwerkingen te voorspellen.
4. DNA-tests zullen worden gebruikt om de familieleden van patiënten met een vergroot risico op het hebben van een erfelijke ziekte voor te lichten.
5. Vooroordelen over psychiatrische ziekten zullen veranderen: beter begrip van de oorzaken en mechanismen van ziekten zullen stigmatisering verminderen.

Deze voorspellingen die ongeveer vijftien jaar geleden zijn gedaan, zijn voor de psychiatrie echter niet uitgekomen. Al snel bleek dat genetische varianten zijn geassocieerd met vele stoornissen en omgekeerd dat een enkele stoornis is geassocieerd met vele genetische varianten. Genetische invloeden volgen de grenzen van psychiatrische nosologie dus niet. Ook bleek uit GWA (*genome wide association*)-onderzoeken dat de effecten van genetische varianten op psychiatrische stoornissen afwezig of zeer klein waren. Deze situatie brachten Uher en Rutter (2012) ertoe op te merken dat '….*molecular genetic studies of psychiatric disorders have done a lot to find very little. In fact, in the era of genome-wide association studies, psychiatric disorders have distinguished themselves from most types of physical illness by the absence of strong genetic associations*'.

- **Verwachting 2: onderzoek naar de interactie tussen kandidaatgenen en omgevingsfactoren zal het mogelijk maken preventieve interventies te starten bij kwetsbare individuen.**

Veel onderzoek werd verricht naar de relatie van kandidaatgenen met psychiatrische stoornissen. Dit zijn genen waarvan op basis van hun werking wordt verondersteld dat zij met psychiatrische stoornissen te maken kunnen hebben. Een voorbeeld is het dopaminetransportergen (DRD4) dat met ADHD is geassocieerd, of het serotonine (5-HTT) transportergen dat met depressie en angst is geassocieerd (Plomin et al. 2003). Vaak wordt in onderzoek naar associaties tussen een polymorfisme en het fenotype (bijvoorbeeld een psychiatrische stoornis) geen hoofdeffect gevonden maar wordt wel een gen-omgevingsinteractie gevonden. Een voorbeeld hiervan is het veel geciteerde onderzoek van Caspi en medewerkers (2002) die alleen een associatie vonden tussen een variant in het gen dat voor het enzym monoamineoxidase A (MAO-A) codeert met antisociaal gedrag op volwassen leeftijd, indien ook sprake was van mishandeling in de voorgeschiedenis. Dit is een voorbeeld van (kandidaat)gen-omgevingsinteractie (cG x E) bij ontbreken van een hoofdeffect van de genetische variant. Ook vonden Caspi en medewerkers (Caspi et al. 2003) dat de interactie tussen *life events* en een 5-HTT transportergenpolymorfisme depressie voorspelde. Deze bevinding is in vele onderzoeken gerepliceerd maar ook in vele onderzoeken niet gevonden. In een ontnuchterend editorial in *The Journal of Child and Adolescent Psychiatry* bekritiseerde Laramie Duncan (Duncan 2013) het gepubliceerde cG x E onderzoek. Zij gaf aan dat van de ongeveer 100 onderzoeken die in de eerste tien jaar van cG x E onderzoek in de psychiatrie werden gepubliceerd, vrijwel alle nieuwe bevindingen van interacties positief waren (96%). Daarentegen was slechts een kwart van de replicatiestudies positief (27%). Dit doet vermoeden dat sprake is van aanzienlijke publicatiebias in de richting van positieve bevindingen in de oorspronkelijke onderzoeksresultaten. Zij stelt verder dat tegenstrijdige resultaten vaak een aanwijzing zijn dat positieve bevindingen valspositief zijn. Met andere woorden, de conclusie zou heel goed kunnen zijn dat de meeste positieve cG x E bevindingen, inclusief die van Caspi en medewerkers, valspositief zijn en dus niet valide! Kortom, het ziet er naar uit dat het moleculair genetisch onderzoek in de (kinder- en jeugd)psychiatrie inderdaad tot nu toe niet veel heeft opgeleverd.

- **Verwachting 3: epigenetisch onderzoek geeft inzicht in hoe 'environment gets under the skin' en biedt aanknopingspunten voor farmacologische behandeling.**

De Canadees Michael Meany (2001) heeft in experimenten met ratjes aangetoond dat vroege ervaringen in de moeder-kindinteractie genexpressie kunnen beïnvloeden via het stresssysteem, zogenaamde *epigenetische* invloeden. Het moederlijke gedrag was van invloed op de expressie van het gen dat met de stofwisseling van het stresshormoon cortisol te maken heeft, het glucocorticoïd receptorgen. Het effect op dit gen was niet in iedere lichaamscel aanwezig, maar in een bepaald gebied in de hersenen, de hippocampus. Door het moederlijke gedrag werd de werking van genen in de buurt van het stresshormoongen veranderd en deze epigenetische effecten beïnvloedden de werking van het stresshormoongen en daarmee de hormoonreacties, het gedrag op stress en later ook op de seksuele functie. De verwachting is dat het mogelijk is om bij mensen de epigenetische veranderingen met farmacologische interventies teniet te doen, maar gezien de teleurstellingen in het moleculair genetisch onderzoek in de psychiatrie is het de vraag of deze verwachting eveneens niet te hoog gespannen is. Op deze manier zijn de biologische effecten van omgevingsinvloeden reversibel. Dit soort experimenteel onderzoek geeft inzicht in de rol van omgevingsfactoren bij het ontstaan van psychopathologie en hoe deze invloeden als het ware biologisch worden verankerd of, zoals het in de Angelsaksische literatuur wordt genoemd, 'how the environment gets under the skin'. Omgevingsinvloeden zullen fenotypische veranderingen geven via epigenetische veranderingen. Het zal ongetwijfeld zo zijn dat mechanismen die verantwoordelijk zijn voor verschillen in genetisch identieke organismen (monozygote tweelingen bijvoorbeeld) epigenetische invloeden zullen zijn. De associatie tussen epigenotype en psychiatrische fenotypen bij mensen is echter nog niet duidelijk aangetoond. Epigenetisch onderzoek in de kinder- en jeugdpsychiatrie is nog maar net begonnen en het is nog te vroeg om conclusies te trekken, maar interessant is de uitspraak van George Davey Smith (2011), die waarschuwt voor al te hoog gespannen verwachtingen als hij over epigenetica schrijft als '...*the currently fashionable response to any question to which you do not know the answer...*'

- **Verwachting 4: neuroimagingonderzoek maakt het door in het brein te 'kijken' mogelijk de ware aard van psychiatrische stoornissen te ontdekken.**

Een ander gebied van onderzoek dat begin deze eeuw tot bloei kwam is het neuroimagingonderzoek in de psychiatrie. Dit soort onderzoek spreekt blijkbaar erg aan gezien de populariteit van boeken als *Wij zijn ons brein* (Swaab 2010) of *Het puberende brein* (Crone 2008) en de controversen hierover in de algemene media (zie bijvoorbeeld het interview met Willem Koops *NRC*, 13–14 april, 2013). Uitspraken als 'een kunstenaar schept op

1.4 · De eenentwintigste eeuw

neurobiologische basis' (artikel van Dick Swaab in NRC, 29-30 oktober, 2012) spelen in op het appel om het brein als oorzaak te zien van gedrag en om psychiatrische stoornissen als hersenstoornissen te zien. Anders dan de genetica, waar (met uitzondering van epigenetische effecten) genen onveranderbaar zijn, zijn de structuur en functie van het brein wel veranderbaar in de tijd. Daarom betekenen associaties tussen structuur of functie van het brein en de aanwezigheid van een psychiatrische stoornis niet automatisch dat het brein de oorzaak is van de stoornis. Het omgekeerde, namelijk dat de stoornis de oorzaak van veranderingen in hersenstructuur of -functie (bijvoorbeeld door een andere leefstijl, zoals afgenomen activiteit bij depressie) is, of dat een derde factor in het spel is zoals een omgevingsfactor (bijvoorbeeld prenatale blootstelling aan roken van de moeder en latere effecten op de hersenen), is ook mogelijk. In dat geval speelt het brein een mediërende rol. Hier is de stevige uitspraak van Uher en Rutter (2012) interessant als zij stellen dat '…..*the 'mind-versus-brain' debate has just been as pointless and unhelpful as the 'nature-versus-nurture' one and has contributed to the fact that most neuroimaging research has been uninformative*'. Clinici zien vaak de verschillen in structuur of functie van het brein van patiënten versus controles als een bewijs dat psychiatrische stoornissen hersenstoornissen zijn en dus tot de geneeskunde behoren. Anderen zien dit als een bewijs om stigmatisering tegen te gaan en als argument om de omgeving als oorzaak uit te sluiten. Het is echter evident (ook zonder neuroimaging) dat de processen die ten grondslag liggen aan psychiatrische symptomen in het brein plaatsvinden. Ook is het evident dat de aanwezigheid van verschillen in structuur of functie van het brein tussen patiënten versus controles geen bewijs zijn tegen de oorzakelijke rol van omgevingsfactoren (Uher en Rutter (2012).

- **Verwachting 5: Door verbetering van diagnostische instrumenten en ontwikkelingen in de psychiatrische taxonomie zullen met grotere nauwkeurigheid stoornissen kunnen worden vastgesteld.**

Na de jaren van ontwikkeling van gestandaardiseerde vragenlijsten en interviews om psychopathologie vast te stellen, epidemiologisch onderzoek om normen te bepalen, onderzoek naar de validiteit van diagnostische classificaties, onderzoek naar de relatie tussen instrumenten onderling en tussen instrumenten en taxonomische systemen zoals de DSM, was de verwachting dat verdere ontwikkelingen zouden leiden tot betere diagnostiek en dat deze diagnostiek informatief zou zijn wat betreft etiologie en de te kiezen behandeling. Achenbach benadrukte al meer dan dertig jaar geleden de beperkingen van een 'top-down' diagnostische benadering als die van de DSM (zie Achenbach 2009). Deze visie van Achenbach komt overeen met de recente conclusie van Uher en Rutter (2012), die in hun overzicht over de wetenschappelijke basis van psychiatrische classificatie opmerkten: '*We conclude that most studies cannot inform the validity of diagnostic categories because they are constrained by the classification through a top-down diagnostic approach*.' Het grote probleem in de psychiatrie is dat er tot nu toe geen stoornisspecifieke oorzaken zijn (zie ook de discussie over de psychiatrische genetica) en dat er geen stoornisspecifieke behandelingen zijn. Er zijn uitzonderingen zoals de behandeling van de bipolaire stoornis met lithium, maar de werkzaamheid van de meeste psychofarmaca zijn weinig of niet stoornisspecifiek. Epidemiologisch, genetisch, neuroimaging, farmacologisch en ander therapeutisch onderzoek sinds de eeuwwisseling heeft geen steun geleverd voor de validiteit van diagnostische classificaties zoals de DSM en de ICD. Hoewel de introductie in deze systemen van diagnostische criteria en dan vooral in de DSM het hanteren van drempelwaarden voor symptoomscores, de betrouwbaarheid van diagnostiek heeft verbeterd, is de validiteit van deze benadering gering.

De tijd is wellicht rijp voor de conclusie dat de huidige classificatiesystemen niet valide zijn. Een teken dat de tijd daarvoor rijp is was de kritiek rond het verschijnen van de DSM-5 (bijvoorbeeld: Jim van Os in *NRC*, 12 mei 2013). In plaats van de groeiende wetenschappelijke bevindingen te volgen en diagnostische categorieën, waarvan de validiteit niet kan worden aangetoond, bij elkaar te brengen (*lumping*), is er in de DSM-5 voor gekozen nog meer diagnostische categorieën zonder aantoonbare validiteit te introduceren (*splitting*).

De vraag is welke weg moet worden bewandeld om het nut van diagnostische classificatie te versterken en een betere match tussen patiënt en behandeling te bewerkstelligen. Uher en Rutter (2012) noemden het longitudinale beloop en de (terugkeer naar) prototypische classificatie als mogelijkheden. Ook het potentieel van dimensies werd door hen genoemd. Er is echter geen simpel empirisch gefundeerd antwoord op de vraag of dimensies of categorieën de voorkeur heeft (Coghill en Sonuga-Barke 2012). Beide benaderingen hebben voordelen en nadelen die kunnen variëren per stoornis. Voor sommige doeleinden verdient de ene benadering de voorkeur boven de andere en in veel gevallen kunnen ze elkaar aanvullen. Verder stelden Uher en Rutter (2012) dat in plaats van diagnosespecifieke onderzoeken, onderzoek zich meer zou moeten richten op ongeselecteerde populaties die met bottom-upbenaderingen van gegevensverzameling worden onderzocht. Het is moeilijk te weerstaan om hier te zeggen dat dit 'voer voor epidemiologen' is en hoewel de CBCL slechts een manier is van bottom-upbenadering van diagnostische gegevensverzameling, kan het soort benadering als van het ASEBA-systeem een van de bouwstenen vormen van onderzoek voor de toekomst.

De bottom-upbenadering van de CBCL en andere ASEBA-instrumenten heeft de afgelopen jaren wel een ontwikkeling doorgemaakt. Door het gebruik van ASEBA-instrumenten in diverse culturen zijn diverse multiculturele vergelijkingen gemaakt waaruit kon worden geconcludeerd dat de variatie in psychopathologie tussen culturen veel kleiner is dan de variatie in psychopathologie binnen culturen (Achenbach et al. 2008; Achenbach en Rescorla 2007). Ook de syndroomstructuur van de ASEBA-instrumenten vertoont gelijkenis tussen verschillende culturen. Achenbach heeft het mogelijk gemaakt om niet alleen gegevens over problemen van kinderen en jeugdigen te verzamelen vanuit een multi-informantperspectief, maar ook vanuit een multicultureel perspectief (Achenbach en Rescorla 2007). Recentelijk heeft Achenbach de '*Brief Problem Monitor*' (BPM) ontwikkeld, een korte vragenlijst die het beloop van de behandeling kan volgen (Achenbach et al. 2012). Een aantal vragenlijsten, waaronder de ASEBA-vragenlijsten, kunnen inmiddels via internet worden afgenomen. Toepassing van dit soort technieken kan de klinische praktijk efficiënter maken.

- **Verwachting 6: het is mogelijk te voorspellen welke kinderen of jeugdigen een stoornis zullen ontwikkelen en welke factoren in aanvulling op de diagnose bijdragen aan de voorspelling van behandelsucces.**

Uit het Zuid-Hollands longitudinaal bevolkingsonderzoek naar het beloop van psychiatrische stoornissen van kindertijd en adolescentie tot in volwassenheid bleek dat 33 % van de ouders van volwassenen die in het jaar voorafgaand aan de laatste meting met justitie in aanraking waren geweest, 14 jaar eerder aanzienlijk antisociaal gedrag hadden gerapporteerd (Verhulst et al. 2001). Terugkijkend van volwassenheid naar de kindertijd of adolescentie was de kans dus groot dat volwassenen die voor hun gedrag met politie in aanraking kwamen als kind of jeugdige al aanzienlijk antisociaal gedrag hadden vertoond. Wanneer werd gekeken van kindertijd/adolescentie naar volwassenheid, bleek dat slechts 3 % van de kinderen of jeugdigen die aanzienlijk antisociaal gedrag vertoonden, later als volwassenen in aanraking met de politie kwamen. De predictieve waarde van antisociaal gedrag in de kindertijd of adolescentie is dus helemaal niet zo groot, terwijl het belang om kinderen die later ernstige delicten

1.4 · De eenentwintigste eeuw

zullen begaan al op jonge leeftijd op te sporen groot is. Hierop ontstond in het onderzoek de beweging om 'objectievere' biologische factoren, zoals cortisol of activiteit van het autonome zenuwstelsel, te betrekken, met de verwachting dat de predictieve kracht zou toenemen en het mogelijk zou zijn jonge boefjes die later criminelen zouden worden te identificeren (bijvoorbeeld: Doreleijers, NRC, 20 oktober 2006). Antisociaal gedrag is hier als voorbeeld gekozen. Hetzelfde geldt voor depressie of schizofrenie: als men in staat is op zeer jonge leeftijd individuen te identificeren die de stoornis zullen ontwikkelen en als men ook in staat is met een interventie te voorkomen dat de stoornis daadwerkelijk ontstaat, zou dat een enorme winst zijn. Dit soort vraagstellingen heeft veel etiologisch epidemiologisch onderzoek, waaronder TRAILS en GenerationR, geïnspireerd. Epidemiologisch onderzoek is in staat om etiologische factoren en mechanismen te beschrijven, wat weer de mogelijkheid biedt om te interveniëren. Het aantonen dat het roken van sigaretten een sterke oorzakelijke factor is voor het krijgen van longkanker en andere chronische ziekten is een goed voorbeeld. Op individueel niveau is epidemiologisch onderzoek echter niet goed in staat te voorspellen wie wel en wie niet de ziekte die wordt bestudeerd zal ontwikkelen. In epidemiologische termen; de positief predictieve waarde van veel epidemiologische predictiemodellen is laag. Het idee dat het betrekken van meer en nieuwe riscofactoren (en in de psychiatrie de laatste jaren vooral biologische determinanten zoals genetische) in zogenaamde 'lifecourse research' de predictie zou verbeteren, was wijd verbreid. De schadelijke effecten van veel risicofactoren op het kind zijn echter steeds bijzonder klein en blijken bovendien vaak met toename van de leeftijd af te nemen. Bijvoorbeeld, roken van de moeder tijdens de zwangerschap is geassocieerd met een kleiner foetaal gewicht; met later moeilijk temperament van het kind was er echter geen associatie na correctie voor 'confounders' (Roza 2008). Confounders zijn factoren die zijn gecorreleerd met zowel de risicofactor als de uitkomst. Bijvoorbeeld: etniciteit, opleiding van ouders, inkomen en psychiatrische symptomen van ouders zijn zowel gecorreleerd met roken van de moeder tijdens de zwangerschap als met probleemgedrag van het kind. Om het 'pure' effect van roken van de moeder tijdens de zwangerschap op later probleemgedrag van het kind te berekenen, moet voor deze confounders statistisch worden gecorrigeerd. Na deze correctie bleek de oorspronkelijke significante associatie tussen roken van de moeder tijdens de zwangerschap en probleemgedrag van het kind niet meer aanwezig. Dit is in lijn met de conclusie van Thapar en Rutter (2009), die waarschuwden voor onderzoek dat prenatale risicofactoren als oorzaak van later probleemgedrag van kinderen veronderstelde, terwijl geen rekening werd gehouden met postnatale risicofactoren en confounders.

GenerationR is het onderzoek naar de ontwikkeling van kinderen van 10.000 Rotterdamse moeders, vanaf de prenatale periode. Op dit moment worden metingen verricht nu de kinderen 11 jaar zijn. Veel van het tot nu toe verrichte onderzoek in GenerationR toont significante associaties aan tussen risicofactoren op een bepaald tijdstip en later probleemgedrag, ook als wordt gecorrigeerd voor confounders. Voorbeelden zijn: cannabisgebruik tijdens de zwangerschap, ouderlijke psychopathologie, prenataal schildklierhormoon van de moeder, opvoedgedrag, borstvoeding, prenatale voeding en tv-kijken (zie: Tiemeier et al. 2012). Echter, al deze effecten zijn zeer klein. Het is vooral het cumulatieve effect van vele factoren (inclusief genetische risico's) die maken dat kinderen risico lopen en veel van deze factoren hebben betrekking op het gedrag van de ouders, zowel prenataal als postnataal.

Etiologisch epidemiologisch onderzoek genereert belangrijke informatie over risico's op groepsniveau, maar is niet of minder goed in staat om op individueel niveau risico's te bepalen. Een belangrijke en vaak niet genoemde factor die maakt dat predicties op individueel niveau zo onnauwkeurig zijn, is de rol van toeval. Op alle niveaus, van molecuul tot dagelijkse sociale gebeurtenissen, spelen toevallige en niet te voorspellen fenomenen een rol die de loop van een individuele ontwikkeling mede bepalen (Davey Smith 2011). In gedragsgenetisch onderzoek komt deze toevalsfactor terecht in de schattingen van de 'nonshared' omgeving. Aan toeval valt niets te doen en derhalve is het beter om de aandacht te richten op risicofactoren die op groepsniveau invloed hebben. Dit behoort dan tot het terrein van de preventie en dus het terrein van de public health. Helaas is er geen enkele vorm van preventie van psychiatrische problematiek bij kinderen en jeugdigen te vinden onder de tweeëntwintig successen van preventie in Nederland in de jaren 1970 tot 2010 (Mackenbach 2011). Dit komt overeen met een overzicht van meta-analyses van interventieprogramma's waar de meeste effecten klein waren, enkele middelmatig en slechts één groot effect was (Vitaro en Tremblay 2008).

- **Verwachting 7: etiologisch onderzoek zal de therapeutische mogelijkheden doen toenemen.**

Sinds de introductie van gestandaardiseerde diagnostische methoden is het ook mogelijk geworden om het effect van behandelingen te meten. Zowel farmacologische als psychologische behandelingen kunnen het beste worden getoetst met randomised controlled trials (RCT). Dit is de afgelopen jaren regelmatig gedaan, waarvan enkele malen als multicenter trial, zoals met ADHD en depressie. Meta-analyses zijn nuttig voor de ontwikkeling van richtlijnen en voor het aantonen van eventuele risico's, zoals de kans op suïcidaliteit bij antidepressivagebruik bij kinderen en jeugdigen. Een aantal elementen moet echter worden onderkend:

- De meeste psychofarmaca zijn bij toeval ontdekt in plaats van gebaseerd op bevindingen van etiologisch onderzoek.
- De meeste psychofarmaca voor kinderen zijn afkomstig uit de volwassenenpsychiatrie en zijn niet getest bij kinderen (behalve ADHD-medicatie).
- Er is weinig bekend over de langetermijneffecten van psychofarmaca (met uitzondering van stimulantia die wel positieve kortetermijneffecten hebben maar geen positieve langetermijneffecten (Molina et al. 2009)).
- Er is weinig bekend over de individuele verschillen in respons op behandeling.
- Psychologische behandelingen zijn vaak in onderzoekssettings getoetst, in homogene patiëntenpopulaties, maar niet in 'real-life' klinische settings.
- Publicatiebias waarbij veelal positieve resultaten worden gepubliceerd, geven een vertekend (te positief) beeld.

Weisz en Gray (2008) gingen onderzoeken na waarin evidence-based psychotherapeutische behandeling met 'care as usual' werden vergeleken en kwamen tot de conclusie dat evidence-based psychotherapie een beter resultaat gaf dan 'usual care'. Dit was het gemiddelde resultaat over vele onderzoeken, want er waren ook onderzoeken waaruit bleek dat evidence-based psychotherapie minder effectief was dan 'usual care'. Deze auteurs deden een oproep om ander soort onderzoek te doen waarbij de ontwikkeling en toetsing van nieuwe behandelingen in behandelingssettings plaatsvinden en niet in een onderzoekssetting. Clinici die ervaring hebben met de behandeling van kinderen en jeugdigen met bepaalde problemen moeten vanaf het begin worden betrokken bij de ontwikkeling van een behandeling. Nadat de 'efficacy' in onderzoek met een behandelde versus een placebogroep is vastgesteld, wordt de behandeling eerst in single-case pilotbehandelingen van klinisch verwezen kinderen getoetst en aangepast. Vervolgens wordt de behandeling op effectiviteit getoetst bij klinisch verwezen kinderen in gewone klinische settings, waarbij behandeling plaatsvindt door behandelaars die zijn getraind in het protocol. Hierbij zou ook onderzocht moeten worden welke factoren zijn geassocieerd met de kans dat behandelaars het protocol ook gebruiken en zullen blijven gebruiken, en de mate waarin men zich aan het protocol houdt (Weisz et al. 2013).

1.5 Vooruitblik

Het uiteindelijke doel van wetenschappelijk onderzoek in de kinder- en jeugdpsychiatrie is om kennis te genereren die leidt tot betere interventie en preventie van psychiatrische stoornissen. Wetenschappelijk onderzoek in de kinder- en jeugdpsychiatrie in de eenentwintigste eeuw heeft enorme ontwikkelingen doorgemaakt. Innovatief onderzoek werd mogelijk gemaakt door de toepassing van nieuwe technieken op het terrein van de genetica, neuroimaging en statistische methoden en door de vorming van grote onderzoeksconsortia waarin diverse disciplines met elkaar gingen samenwerken en grote onderzoekspopulaties binnen handbereik kwamen. Vooral longitudinaal onderzoek in de (kinder- en jeugd)psychiatrie is in Nederland gestimuleerd met het tienjarige ZonMw-programma Geestkracht dat in 2003 van start ging.

Nederlands wetenschappelijk onderzoek in de kinder- en jeugdpsychiatrie staat internationaal goed aangeschreven (bijv. Hudziak en Novins 2013). Als nu de balans wordt opgemaakt, welke mijlpalen zijn dan bereikt? Misschien is wel de belangrijkste mijlpaal het inzicht dat psychiatrische problematiek complex en weerbarstig is en niet te vatten in simpele causale verbanden. Irrealistisch hoge verwachtingen van epigenetisch onderzoek, personalised medicine, predictieonderzoek, longitudinaal neuroimagingonderzoek om enkele terreinen te noemen, zullen op teleurstellingen uitlopen als men van deze (vaak van de algemene geneeskunde ontleende benaderingen) verwacht wat men van de oude allesomvattende theorieën verwachtte, namelijk het antwoord op alles wat we willen weten. Wetenschappelijk onderzoek is soms onderhevig aan mode. De weerbarstigheid waarmee psychiatrische stoornissen hun geheimen onthullen is groter dan in de algemene geneeskunde, waar basaal biologisch onderzoek vaak wel tot veranderingen in de klinische praktijk leidt en dit maakt onderzoek in de psychiatrie helaas extra gevoelig voor modegrillen. George Davey Smith (2011) bijvoorbeeld wijst op Brits humoristische wijze op de populariteit van epigenetisch onderzoek door te schrijven: '*Epigenetics: flavour of the month?*'

De kloof tussen wetenschappelijke bevindingen en de klinische praktijk is nog steeds erg groot. Szatmari et al. (2012) hanteerden de macabere metafoor: de '*Valley of Death*' voor de problemen met het vertalen van basaal wetenschappelijk onderzoek naar klinische toepassingen. In dat kader is het aardig de toekomstvisie te lezen die Remschmidt in 1996 schreef. Hij voorspelde dat het in 2015 nog niet mogelijk zal zijn dat onderzoekers effectieve behandelingen hebben kunnen afleiden uit onderzoek met behulp van technieken zoals neuroimaging, neurobiologie en moleculaire genetica (Remschmidt 1996). Een realistische vooruitblik over een periode van twintig jaar, die wel is uitgekomen.

Het is bekend dat het denken in de psychiatrie als een pendule is met veranderingen in visies over etiologie, risicopredictie, diagnostiek, diagnostische tests en behandeling die in een krachtenveld zitten met als polen 'nature versus nurture', 'brain versus mind', 'Erklären versus Verstehen', 'empathisch begrijpend versus rationeel-verklarend', 'klinisch versus wetenschappelijk', 'basaal onderzoek versus klinisch onderzoek', enzovoort. Geen van deze tegenstellingen is nuttig en het is interessant om te zien dat de laatste tijd juist processen op gang komen die verbindend zijn. Voorbeelden zijn:

- de suggestie om het longitudinale klinische beloop en een prototypische benadering bij de diagnostiek te betrekken met behoud van verworvenheden zoals gestandaardiseerde gegevensverzameling (Uher en Rutter (2012);
- pogingen om kennis over factoren (inclusief genetische en neuroimaging factoren) die het behandelingsresultaat voorspellen te gebruiken om naar een meer op het individu toegespitste behandeling te komen volgens de principes van 'personalised', of volgens George Davey Smith (2011) beter genoemd 'stratified' medicine (Stringaris 2012);
- de aandacht voor het levensloopperspectief door toegenomen kennis vanuit longitudinaal onderzoek dat aantoont dat veel psychiatrische aandoeningen van kinderen en jeugdigen een chronisch karakter hebben met implicaties voor hulpverlening bij onder andere opleiding en werk;
- basaal onderzoek bij kinderen met bekende syndromen (fragiele-X, neurofibromatose, tubereuze sclerose, Angelmansyndroom) in combinatie met autistische symptomen en de hieruit voortkomende ontwikkelingen op het gebied van mogelijke behandeling;
- de rol van webbased technieken om diagnostische gegevens te verzamelen op kosteneffectieve wijze die onderdeel vormen van klinische diagnostiek.

Dit zijn slechts enkele voorbeelden van ontwikkelingen waar wetenschappelijk onderzoek en klinische praktijk hand in hand gaan. Het is opvallend dat bij deze meer recente ontwikkelingen de klinische praktijk niet een positie heeft van waaruit passief wordt gekeken hoe wetenschappelijk onderzoek met antwoorden zal komen waar de praktijk om verlegen zit, maar juist dat onderzoek en praktijk samen in een proces zitten van wederzijdse beïnvloeding met als doel de interventie en preventie van psychiatrische stoornissen bij kinderen en jeugdigen te verbeteren.

Het is duidelijk dat de kinder- en jeugdpsychiatrie de afgelopen decennia enorme ontwikkelingen heeft doorgemaakt, weer aansluiting heeft gevonden bij andere medische disciplines en erin is geslaagd de praktijk wetenschappelijk te onderbouwen. Hierin heeft het wetenschappelijk onderzoek een belangrijke rol gespeeld. Ook moet worden onderkend dat het vele wetenschappelijk onderzoek van de laatste jaren weliswaar enorm veel kennis heeft gegenereerd, maar weinig heeft bijgedragen aan verbetering van preventie en interventie van psychiatrische stoornissen bij kinderen en jeugdigen. Blijkbaar is de heterogeniteit van etiologische factoren, die ieder slechts voor een klein deel bijdragen aan het ontstaan van psychiatrische stoornissen, evenals de fenotypische heterogeniteit zo complex, dat de vlucht die nieuwe onderzoekstechnieken voor de algemene geneeskunde nam, voor de psychiatrie niet dezelfde positieve resultaten opleverde. Dit wil absoluut niet zeggen dat het onderzoek in de psychiatrie verspilde moeite is geweest. Dit onderzoek was juist nodig om inzicht te krijgen in de complexiteit van psychiatrische stoornissen en om nieuw onderzoek te genereren dat dichter bij de praktijk staat en realistischer, of zo men wil bescheidener, doelen stelt.

- **Declaration of interest**

De auteur geeft de Nederlandse vertalingen van ASEBA materialen uit waarvoor hij een vergoeding ontvangt.

Literatuur

Achenbach, T. M. (1966). The classification of children's psychiatric symptoms: A factor-analytic study. *Psychological Monographs, 80*(615), 1–37. ►doi:10.1037/h0093906, 5968338.
Achenbach, T. M. (1974). *Developmental psychopathology* (2nd ed.). New York: Ronald Press, Wiley.
Achenbach, T. M. (1978). The Child Behavior Profile: I. Boys aged 6–11. *Journal of Consulting and Clinical Psychology, 46,* 478–488. ►doi:10.1037/0022-006X.46.3.478, 670491.
Achenbach, T. M. (2009). *The Achenbach system of empirically based assessment (ASEBA): Development, findings, theory, and applications.* Burlington: University of Vermont, Research Center for Children, Youth, & Families.
Achenbach, T. M., & Rescorla, L. A. (2007). *Multicultural understanding of child and adolescent psychopathology: Implications for mental health assessment.* New York: The Guilford Press.
Achenbach, T. M., McConaughy, S. H., & Howell, C. T. (1987). Child/adolescent behavioral and emotional problems: Implications of cross-informant correlations for situational specificity. *Psychological Bulletin, 101,* 213–232. ►doi:10.1037/0033-2909.101.2.213, 3562706.
Achenbach, T. M., Becker, B., Döpfner, M., Heiervang, E., Roessner, V., Steinhausen, H., et al. (2008). Multicultural assessment of child and adolescent psychopathology with ASEBA and SDQ instruments: Research findings, applications, and future directions. *Journal of Child Psychology and Psychiatry and Allied Disciplines, 49,* 251–275. ►doi:10.1111/j.1469-7610.2007.01867.x.
Achenbach, T. M., McConaughy, S. H., Ivanova, M. Y., & Rescorla, L. A. (2012). *Manual for the ASEBA Brief Problem Monitor™(BPM).* Burlington: University of Vermont, Research Center for Children, Youth, & Families.
Althaus, M. (2000). *Visual attention and autonomic adaptivity to attention-demanding tasks in children with autistic-type behavioral problems.* Groningen: Rijksuniversiteit Groningen, Academisch Proefschrift.
American Psychiatric Association (1980). *Diagnostic and statistical manual of mental disorders* (3rd ed.) (DSM-III). Washington, DC: Author.
Andreasen, N. C. (2001). *Brave new brain.* Oxford: Oxford University Press.
Angold, A., & Fisher, P. W. (1999). Interviewer based interviews. In D. Shaffer, C. P. Lucas, & E. Richters (eds.), *Diagnostic Assessment in Child and Adolescent Psychopathology* (pp. 34–36). New York: The Guilford Press.
Buitelaar, J. K. (1991). *Psychopharmacology of autism: Clinical and ethological studies on the behavioural effects of a synthetic adrenocorticotrophic hormone (4–9) analog.* Utrecht: Rijksuniversiteit Utrecht, Academisch proefschrift.
Cantwell, D. P. (1988). DSM-III studies. In M. Rutter, A. Hussain Tuma, & I. S. Lann (eds.), *Assessment and diagnosis in child psychopathology* (pp. 3–35). London: David Fulton Publishers.
Caspi, A., McClay, J., Moffitt, T. E., Mill, J., Martin, J., Craig, I. W., et al. (2002). Role of genotype in the cycle of violence in maltreated children. *Science, 297,* 851–854. ►doi:10.1126/science,1072290, 12161658.
Caspi, A., Sugden, K., Moffitt, T. E., Taylor, A., Craig, I. W., Harrington, H., et al. (2003). Influence of life stress on depression: Moderation by a polymorphism in the 5-HTT gene. *Science, 301*(5631), 386–389. ►doi:10.1126/science,1083968, 12869766.
Coghill, D., & Sonuga-Barke, E. (2012). Annual research review: Categories versus dimensions in the classification and conceptualisation of child and adolescent mental disorders – implications of recent empirical study. *Journal of Child Psychology and Psychiatry, 53,* 469–489. ►doi:10.1111/j.1469-7610.2011.02511.x, 22288576.
Conners, C. K., & Eisenberg, L. (1963). The effects of methylphenidate on symptomatology and learning in disturbed children. *American Journal of Psychiatry, 120,* 459–466. ►doi:10.1176/ajp.120.5.458.
Conners, C. K., Eisenberg, L., & Barcai, A. (1967). Effect of dextroamphetamine on children: Studies on subjects with learning disabilities and school behaviour problems. *Archives of General Psychiatry, 17,* 478–485. ►doi:10.1001/archpsyc.1967.01730280094011, 4861380.
Crone, E. (2008). *Het puberende brein.* Amsterdam: Bert Bakker.
Davey Smith, G. (2011). Epidemiology, epigenetics and the 'Gloomy Prospect': Embracing randomness in population health research and practice. *International Journal of Epidemiology, 40,* 537–562. ►doi:10.1093/ije/dyr117.
Duncan, L. E. (2013). Paying attention to all results, positive and negative. *Journal of the American Journal of Child and Adolescent Psychiatry, 52,* 462–465. ►doi:10.1016/j.jaac.2013.02.007.
Engeland, H. van. (1980). *Over ontwikkelingspsychosen: Een psychofysiologisch onderzoek naar input-modulatiestoornissen.* Utrecht: Academisch Proefschrift.
Ferdinand, R. F. (1995). *Psychopathology in adolescents and young adults.* Rotterdam: Erasmus Universiteit, Academisch proefschrift.

Fergusson, D. M. (1995). A brief introduction to structural equation models. In F. C. Verhulst, & H. M. Koot (eds.), *The epidemiology of child and adolescent psychopathology* (pp. 122–145). Oxford: Oxford University Press.

Fox, J. P., Hall, C. E., & Elveback, L. R. (1970). *Epidemiology: Man and disease* (pp. 19–30). London: The MacMillan Company.

Fraiberg, S. H. (1959). *The magic years*. New York: Charles Scribner's Sons.

Galton, F. (1876). The history of twins as a criterion of the relative powers of nature and nurture. *Royal Anthropological Institute of Great Britain and Ireland Journal, 6*, 391–406. ▶doi:10.2307/2840900.

Gunning, B. (1992). *A controlled trial of clonidine in hyperkinetic children*. Rotterdam: Erasmus Universiteit, Academisch proefschrift.

Heijmens Visser, J. (2002). *Long-term outcome of psychopathology in childhood and adolescence: A clinical epidemiological study*. Rotterdam: Erasmus Universiteit, Academisch proefschrift.

Hofstra, M. B. (2000). *Psychopathology from childhood into adulthood: Follow-up of an epidemiological sample*. Rotterdam: Erasmus Universiteit, Academisch proefschrift.

Hudziak, J. J., & Novins, D. K. (2013). Illuminating the complexities of developmental psychopathology: Special series on longitudinal and birth cohort studies. *Journal of the American Academy of Child and Adolescent Psychiatry, 52*, 6–8. ▶doi:10.1016/j.jaac.2012.10.016, 23265628.

International Human Genome Sequencing Consortium (IHGSC). (2004). Finishing the euchromatic sequence of the human genome. *Nature, 431*, 931–945. ▶doi:10.1038/nature03001.

Koot, H. M., Crijnen, A. A. M., & Ferdinand, R. F. (1999). *Child psychiatric epidemiology: Accomplishments and future directions*. Assen: Van Gorcum.

Mackenbach, J. P. (2011). *Successen van preventie 1970–2010*. Rotterdam: ErasmusMC, afdeling Maatschappelijke Gezondheidszorg.

McGuffin, P., & Martin, N. (1999). Science, medicine, and the future. Behaviour and genes. *British Medical Journal, 319*(7201), 37–40. ▶doi:10.1136/bmj.319.7201.37, 1116141, 10390460.

Meaney, M. J. (2001). Maternal care, gene expression, and the transmission of individual differences in stress reactivity across generations. *Annual Review Neuroscience, 24*, 1161–1192. ▶doi:10.1146/annurev.neuro.24.1.1161.

Meurs, I. van. (2009). *Intergenerational transmission of child problem behavior*. Rotterdam: Erasmus Universiteit, Academisch proefschrift.

Minderaa, R. B. (1985). *Neurochemical aspects of childhood autism*. Rotterdam: Erasmus Universiteit, Academisch proefschrift.

Molina, B. S., Hinshaw, S. P., Swanson, J. M., Arnold, L. E., Vitiello, B., Jensen, P. S., et al. (2009). The MTA at 8 years: Prospective follow-up of children treated for combined-type ADHD in a multisite study. *Journal of the American Academy of Child and Adolescent Psychiatry, 48*, 484–500. ▶doi:10.1097/CHI.0b013e31819c23d0, 3063150, 19318991.

Oord, E. J. van den, Verhulst, F. C., & Boomsma, D. I. (1996). A genetic study of maternal and paternal ratings of problem behaviors in 3-year-old twins. *Journal of Abnormal Psychology, 105*, 349–357.

Oosterlaan, J., Logan, G. D., & Sergeant, J. A. (1998). Response inhibition in AD/HD, CD, comorbid AD/HD + CD, anxious, and control children: A meta-analysis of studies with the stop task. *Journal of Child Psychology and Psychiatry, 39*, 411–425. ▶doi:10.1017/S0021963097002072, 9670096.

Plomin, R., & Daniels, D. (1987). Why are children in the same family so different from one another? *Behavioral and Brain Sciences, 10*, 1–16. ▶doi:10.1017/S0140525X00055941.

Plomin, R., DeFries, J. C., & McClearn, G. E. (1980). *Behavioral genetics: A primer*. San Francisco: W.H. Freema.

Plomin, R., DeFries, J. C., & McGuffin, P. (2003). *Behavioral genetics in the postgenomic era*. Washington: American Psychological Association. ▶doi:10.1037/10480-000.

Reef, J. (2010). *Adult consequences of child psychopathology*. Rotterdam: Erasmus Universiteit, Academisch proefschrift.

Remschmidt, H. (1996). Changing views: New perspectives in child psychiatric research. *European Child and Adolescent Psychiatry, 5*, 2–10. 9117535.

Robins, L. N. (1974) *Deviant children grown up: A sociological and psychiatric study of sociopathic personality*. New York: Krieger.

Roza, S. J. (2008). *Prenatal and early postnatal brain development*. Rotterdam: Erasmus Universiteit, Academisch proefschrift.

Rutter, M. (2006). *Genes and behavior: Nature-nurture interplay explained*. Malden: Blackwell Publishing.

Rutter, M., Tizard, J., & Whitmore, K. (1970). *Education, health and behaviour*. London: Longmans.

Rutter, M., Taylor, E., & Hersov, L. (1994). *Child and Adolescent Psychiatry: Modern approaches*. London: Blackwell Scientific Publications.

Literatuur

Silva, P. A., & Stanton, W. R. (1996). *Child to Adult: The Dunedin Multidisciplinary Health and Development Study.* Oxford: Oxford University Press.

Stringaris, A. (2012). Predicting treatment outcomes: Encouraging findings from neuroimaging. *Journal of the American Academy of Child and Adolescent Psychiatry, 51,* 1228.

Swaab, D. (2010). *Wij zijn ons brein: Van baarmoeder tot Alzheimer.* Amsterdam: Uitgeverij Contact.

Szatmari, P., Charman, T., & Constantino, J. N. (2012). Into, and out of, the "Valley of Death": Research in autism spectrum disorders. *Journal of the American Academy of Child and Adolescent Psychiatry, 51,* 1108–1112. ►doi:10.1016/j.jaac.2012.08.027, 23101736.

Thapar, A., & Rutter, M. (2009). Do prenatal risk factors cause psychiatric disorder? Be wary of causal claims. *British Journal of Psychiatry, 195,* 100–101. ►doi:10.1192/bjp.bp.109.062828, 19648537.

Tiemeier, H., Velders, F. P., Szekely, E., Roza, S. J., Dieleman, G., Jaddoe, V. W., et al. (2012). The Generation R Study: A review of design, findings to date, and a study of the 5-HTTLPR by environmental interaction from fetal life onward. *Journal of the American Academy of Child and Adolescent Psychiatry, 51,* 1119–1135. ►doi:10.1016/j.jaac.2012.08.021, 23101739.

Uher, R., & Rutter, M. (2012). Basing psychiatric classification on scientific foundation: Problems and prospects. *International Review of Psychiatry, 24,* 591–605. ►doi:10.3109/09540261.2012.721346, 23244614.

Valk, J.C. van der, Verhulst, F. C., Stroet, T. M., & Boomsma, D. I. (1998). Quantitative genetic analysis of internalising and externalising problems in a large sample of 3-year-old twins. *Twin Research, 1,* 25–33.

Verhulst, F. C. (1985) *Mental Health in Dutch Children.* Rotterdam: Erasmus Universiteit, Academisch proefschrift.

Verhulst, F. C., & Koot, H. M. (1992). *Child psychiatric epidemiology: Concepts, methods and findings.* Newbury park: sage Publications. ►doi:10.4135/9781483325804.

Verhulst, F. C., Ende, J. van der, Ferdinand, R. F., & Kasius, M. C. (1997). The prevalence of DSM-III-R diagnoses in a national sample of Dutch adolescents. *Archives of General Psychiatry, 54,* 329–336.

Verhulst, F. C., Donker, A. G., & Hofstra, M. B. (2001). De ontwikkeling van antisociaal gedrag. In R. Loeber, N. W. Slot, & J. A. Sergeant (red.), *Ernstige en gewelddadige jeugddelinquentie* (pp. 155–170). Houten: Bohn Stafleu van Loghum.

Vitaro, F., & Tremblay, R. E. (2008). Clarifying and maximizing the usefulness of targeted preventive interventions. In M. Rutter, D. V. M. Bishop, D. S. Pine, S. Scott, J. Stevenson, E. Taylor, & A. Thapar (eds.), *Rutter's Child and Adolescent Psychiatry* (pp. 145–159). Malden: Blackwell Publishing.

Weisz, J. R., & Gray, J. S. (2008). Evidence –based psychotherapy for children and adolescents: Data from the present and a model for the future. *Child and Adolescent Mental Health, 13,* 54–66. ►doi:10.1111/j.1475-3588.2007.00475.x.

Weisz, J. R., Ugueto, A. M., Cheron, D. M., & Herren, J. (2013). Evidence-based youth psychotherapy in the mental health ecosystem. *Journal of Clinical Child and Adolescent Psychology, 42,* 274–286. ►doi:10.1080/15374416.2013.764824, 23402704.

Wielemaker, J. F. (2009). *Langdurig klinisch behandeld in de kinder- en jeugdpsychiatrie; een follow-up onderzoek na 5 tot 25 jaar.* Rotterdam: Erasmus Universiteit, Academisch proefschrift.

Transitie en transformatie in de jeugdzorg

Jan M.A.M. Janssens

2.1 Inleiding – 22

2.2 Jeugdzorg – 23

2.3 Problemen – 23
2.3.1 Oplossing voor problemen in de nulde en eerste lijn – 24
2.3.2 Oplossingen voor de problemen in de tweede lijn – 28

2.4 Een betere toekomst? – 30

2.5 Slot – 31

Literatuur – 32

Prof. dr. Jan M.A.M. Janssens is emeritus hoogleraar Opvoedings- en Gezinsondersteuning, voormalig directeur van het Onderwijsinstituut Pedagogiek en Onderwijskunde en van het Onderwijsinstituut Maatschappijwetenschappen van de Radboud Universiteit te Nijmegen.

© Bohn Stafleu van Loghum, onderdeel van Springer Media BV 2016
S. Begeer et al. (Red.), *Transformaties in de jeugdzorg*, DOI 10.1007/978-90-368-1495-9_2

2.1 Inleiding

In 2012 heb ik afscheid genomen als hoogleraar Opvoedings- en gezinsondersteuning aan de Radboud Universiteit. Ik deed dat met een afscheidsrede 'Jeugdzorg en Orthopedagogiek' (Janssens 2012). Eerst werd geschetst hoe de jeugdzorg in ons land in elkaar zat en daarbij werd een onderscheid gemaakt tussen de nulde, eerste en tweede lijn. Vervolgens werd ingegaan op de problemen die zich in deze lijnen voordoen. In de nulde lijn (bijvoorbeeld scholen en kinderdagopvang) betrof het de niet optimale signalering van jongeren en ouders met problemen. In de eerste lijn (bijvoorbeeld de jeugdgezondheidszorg, het maatschappelijk werk) ging het om wildgroei aan vormen van hulpverlening en een te grote doorstroom naar de tweedelijnszorg. Wat betreft die tweede lijn (bijvoorbeeld de jeugdhulpverlening en de geestelijke gezondheidszorg) werd het probleem van gescheiden geldstromen aan de orde gesteld, evenals de wildgroei aan interventies, het geringe aantal evidence-based methodieken en gebrek aan coördinatie van zorg. Vervolgens werd ingegaan op oplossingen voor deze problemen en is aangegeven hoe de Centra voor Jeugd en Gezin (CJG) die in elke gemeente in 2011 zouden moeten zijn opgericht, daaraan een belangrijke bijdrage zouden kunnen leveren.

We zijn nu drie jaar verder. In die drie jaar is er veel gebeurd. In mijn afscheidsrede werd alleen gewag gemaakt van de vorming van CJG's en werd optimisme uitgesproken over de centrale rol die deze centra zouden kunnen gaan spelen in de jeugdzorg. Na 2012 was er een verdere ontwikkeling. Duidelijk werd dat met ingang van 2015 gemeenten verantwoordelijk zouden moeten worden voor de jeugdzorg. Dat proces werd aangeduid met de term transitie van de jeugdzorg naar gemeenten. Die transitie zou tevens een transformatie van de zorg moeten inhouden. Het moest gaan om een inhoudelijke omslag van werken in de zorg. De transformatie zou gericht moeten worden op vijf doelen:
1. preventie en uitgaan van de eigen verantwoordelijkheid en mogelijkheden van jongeren en hun ouders;
2. demedicaliseren, ontzorgen en normaliseren door het opvoedingsklimaat rondom gezinnen te versterken;
3. eerder de juiste hulp op maat bieden;
4. integrale hulp volgens het uitgangspunt 'één gezin, één plan, één regisseur';
5. meer ruimte voor professionals door vermindering van regeldruk.

Streven was om instroom in zwaardere vormen van jeugdzorg te beperken. En om daar, waar sprake was van complexe situaties, toch zo veel mogelijk een 'gewone' opvoedingssituatie te bewerkstelligen. De transitie van de jeugdzorg naar de gemeenten is met ingang van 2015 gerealiseerd. Ter voorbereiding op die transitie en transformatie hebben gemeenten, al dan niet gecoördineerd vanuit het CJG, wijkteams geïnstalleerd om de jeugdzorg op lokaal niveau vorm te geven. In een aantal gemeenten betreft het wijkteams specifiek voor jeugd en gezin, in andere gemeenten zijn het wijkteams die voor iedereen van 0 tot 100 jaar werken die problemen op welk gebied dan ook ervaart. Die teams zijn derhalve niet specifiek gericht op opvoedingsvragen en -problemen. In het volgende beperk ik me tot de specifieke wijkteams voor jeugd en gezin.

De vraag is nu of al deze veranderingen geleid hebben tot een beter stelsel van hulpverlening met betrekking tot opvoedingsvragen en -problemen waarmee ouders en jongeren anno 2015 worstelen.

2.2 Jeugdzorg

Om die vraag te kunnen beantwoorden wordt eerst opnieuw geschetst hoe de jeugdzorg in ons land in elkaar zat – en overigens voor een groot deel nog in elkaar zit – en daarbij wordt opnieuw een onderscheid gemaakt in zorg in de nulde, de eerste en tweede lijn. Tot de nulde lijn behoren voorzieningen met een pedagogische taak zoals scholen, kinderdagopvang en instellingen voor vrijetijdsbesteding. Professionals binnen deze voorzieningen moeten in staat zijn om alledaagse opvoedingsproblemen op te lossen en moeten signaleren als zij van mening zijn dat hulp uit de eerste of tweede lijn gewenst is. Onder de eerste lijn vallen bijvoorbeeld huisartsen, de jeugdgezondheidszorg, verschillende vormen van opvoedingsondersteuning voor ouders en advisering aan jongeren. Jeugdzorg in de tweede lijn omvat de jeugdhulpverlening, de geestelijke gezondheidszorg voor jongeren (jeugd-GGZ), de zorg voor kinderen en jongeren met een licht verstandelijke beperking (LVB-zorg), de jeugdbescherming en -reclassering, en gespecialiseerde onderwijsvoorzieningen. De jeugdhulpverlening werd tot 2015 door de provincies gefinancierd en omvatte allerlei vormen van ambulante en residentiële hulp voor ouders en jongeren zoals intensieve ambulante gezinsbegeleiding, pleegzorg, daghulp voor jongeren en begeleid kamer bewonen. De geestelijke gezondheidszorg voor jongeren met psychische klachten of psychiatrische problemen werd door de zorgverzekeraars en voor een deel vanuit de Algemene Wet Bijzondere Ziektekosten (AWBZ) gefinancierd. Voor jongeren met een licht verstandelijke beperking waren er de orthopedagogische behandelcentra, gefinancierd vanuit de AWBZ.

De jeugdhulpverlening, de jeugd-GGZ en de LVB-zorg behoren tot het zogenaamde vrijwillige kader. Jongeren en ouders worden niet door de rechter gedwongen er gebruik van te maken. Daarnaast is er het gedwongen kader waarvan jeugdbescherming, de Raad voor de Kinderbescherming, de gezinsvoogdij, de justitiële jeugdinrichtingen en de jeugdreclassering deel uitmaken. Die vorm van hulpverlening wordt verder buiten beschouwing gelaten. Dat geldt ook voor de door het Ministerie van Onderwijs, Cultuur en Wetenschap gefinancierde gespecialiseerde onderwijsvoorzieningen, zoals de ondersteuning van leerlingen met een leerlinggebonden financiering, reboundvoorzieningen voor leerlingen voor wie voortijdig schoolverlaten dreigt en het speciaal onderwijs voor kinderen met een visuele, auditieve en/of lichamelijke beperking of met gedragsproblemen.

Jeugdzorg in de eerste lijn was en is nog steeds vrij toegankelijk voor ouders en jongeren. Dat gold niet voor de zorg in de tweede lijn. Daarvoor was tot 2015 een indicatie nodig. Volgens de Wet op de jeugdzorg van 2006 moest het Bureau Jeugdzorg (BJZ) indiceren welke vorm van hulpverlening een kind of jongere (en zijn/haar gezin) nodig had. Elke provincie en de drie grote steden (Amsterdam, Rotterdam en Den Haag) hadden een BJZ met lokale vestigingen. Maar ondanks de wet werd dat ideaal van één toegangspoort niet gerealiseerd. Indicaties voor zorg uit de Zorgverzekeringswet en de AWBZ kwamen ook van huisartsen of van het Centrum Indicatiestelling Zorg (CIZ). De rechter nam beslissingen over jeugdbescherming en -reclassering en over plaatsing in justitiële jeugdinrichtingen, en indicatieorganen in het onderwijs bepaalden wie werd toegelaten tot een gespecialiseerde onderwijsvoorziening.

2.3 Problemen

Met de constatering dat er geen centrale toegangspoort was voor de tweedelijnszorg ben ik in feite al begonnen met een schets van de problemen die we in het stelsel van jeugdzorg tot 2015 tegenkwamen (zie voor overzichten van deze problemen (Werkgroep Toekomstverkenning Jeugdzorg 2010) en (Raad voor Maatschappelijke Ontwikkeling 2012)).

Met betrekking tot de nulde lijn werd vaak gesproken over onvoldoende signalering van jongeren en ouders met problemen. Preventie van opvoedings- en gedragsproblemen zou meer kans van slagen hebben als nuldelijnsinstellingen zoals scholen en kinderdagverblijven, eerder en beter zouden signaleren en verwijzen naar de eerste lijn. Hetzelfde gold overigens ook voor een deel van de eerstelijnszorg zoals huisartsen, politie et cetera. Op het terrein van opvoedingsondersteuning was er verder een wildgroei aan vormen ontstaan. En ten slotte gold voor de eerste lijn dat er te vlug en te veel werd verwezen naar de tweedelijnszorg.

Wat betreft de tweedelijnszorg was er op de eerste plaats het probleem van het ontbreken van een centrale toegang. Op de tweede plaats waren problemen in de tweede lijn het gevolg van gescheiden geldstromen. De verschillende sectoren (jeugdhulpverlening, jeugd-GGZ en LVB-zorg) werden uit verschillende potten gefinancierd, hadden elk hun eigen toegangsloketten en hun eigen manier van werken. Daardoor sloten vormen van hulpverlening niet op elkaar aan. Vele jongeren die op meerdere terreinen problemen ervoeren, ontbeerden, eenmaal opgenomen in een bepaalde vorm van jeugdzorg, andere vormen van hulp. Een voorbeeld: een gezin kreeg intensieve ambulante gezinsbegeleiding vanwege gedragsproblemen van een van de kinderen. Ouders hadden hun gezag verloren. Hulpverlening werd gericht op herstel van de gezagsrelatie. Aan het feit dat de gedragsproblemen van het kind mede voortkwamen uit gevoelens van angst en depressie bij het kind, werd voorbijgegaan. Dat was immers een taak van de jeugd-GGZ.

Een derde probleem in de tweede lijn was de wildgroei aan interventies, en een vierde probleem het gebrek aan coördinatie van zorg tussen instellingen voor jeugdzorg onderling en tussen deze instellingen en andere instellingen en personen die betrokken waren bij opvoedings- en gezinsproblemen (bijvoorbeeld, huisarts, politie, maatschappelijk werk en scholen).

Waarom zouden de vorming van CJG's in 2011 en de transitie in 2015, in veel gemeenten gepaard gaande met de vorming van wijkteams, de problemen in de jeugdzorg beter het hoofd moeten kunnen bieden? Die vraag probeer ik in het volgende te beantwoorden.

2.3.1 Oplossing voor problemen in de nulde en eerste lijn

Om te beginnen is er het probleem van wildgroei wat betreft vormen van opvoedingsondersteuning. In het verleden zijn die ontwikkeld door allerlei instanties werkzaam op het terrein van welzijn, zoals consultatiebureaus, de jeugdhulpverlening, het maatschappelijk werk en het sociaal-cultureel werk. Reden voor de ontwikkeling ervan was dat men bij meer en meer ouders opvoedingsonzekerheid bespeurde. Wat te doen bij druk, opstandig, brutaal en agressief gedrag of bij verlegen, teruggetrokken gedrag? Hoe slaap- en eetproblemen op te lossen? Opvoedingsondersteuning moest op die vragen antwoord gaan geven en die ondersteuning ging vele vormen aannemen, zoals Opvoedingswinkels, Bureaus Opvoedingsondersteuning, oudercursussen en ontwikkelingsstimuleringsprogramma's. Maar, zagen ouders door de bomen het bos nog wel? En die vraag gold ook voor de voorzieningen in de nulde lijn die ouders en kinderen met problemen beter en eerder zouden moeten verwijzen naar de eerstelijnszorg. Werd op deze wijze goed vormgegeven aan primaire preventie? Primaire preventie was en is een taak van gemeenten. Er is in het verleden vaak gepleit voor één plaatselijk regionaal steunpunt Opvoedingsondersteuning, waarin alle activiteiten van afzonderlijke instellingen gebundeld zouden moeten worden. Dat zou de eerstelijnszorg transparanter maken voor ouders en personen uit de nulde lijn. Een centrale gemeentelijke aanpak is in 2011 gerealiseerd. Op initiatief van oud-minister Rouvoet van Jeugd en Gezin moest elke gemeente in

2.3 · Problemen

2011 een CJG hebben. Ouders, kinderen, jongeren en professionals moesten bij die centra terechtkunnen met allerlei vragen over opvoeden en opgroeien. De centra zouden advies en hulp op maat moeten gaan bieden.

In feite werd de taak van de CJG's gekoppeld aan de vijf functies die in de Wet maatschappelijke ondersteuning (Wmo) genoemd worden als het gaat om de zorg van gemeenten voor kinderen en hun ouders. Het betreft informatie en advies geven, het signaleren van problemen, het zelf geven van licht pedagogische hulp, de toeleiding tot de gespecialiseerde zorg en coördinatie van zorg.

Het geven van informatie en advies betreft de eerste functie van de Wmo die op zich nog niets te maken heeft met aanwezige of vermoede problematiek in een gezin. Het gaat om informatie over opvoeding en ontwikkeling van kinderen die voor ouders, jongeren en professionals toegankelijk moet zijn. Die informatie kan worden verstrekt tijdens gesprekken met bezoekers, maar ook in de vorm van tijdschriften, folders en boeken die geleend kunnen worden of ter plekke gelezen kunnen worden.

Maar een CJG kan meer doen. Het moet ook proactief te werk gaan en zich niet beperken tot informatieverstrekking aan mensen die uit zichzelf het CJG binnenlopen. Dat kan in de vorm van samenwerking met lokale en regionale media. Er kunnen afspraken gemaakt worden met week- en dagbladen over in die bladen op te nemen rubrieken waarin telkens een ander aspect van opvoeding en ontwikkeling van kinderen belicht wordt, bijvoorbeeld de koppigheidsfase, het experimenteergedrag van pubers, eet- en slaapproblemen, grenzen stellen et cetera. Soortgelijke afspraken kunnen worden gemaakt met lokale en regionale radio- en televisiezenders over periodiek uit te zenden programma's over opvoeding en ontwikkeling van kinderen. Daarnaast kan men ouderavonden organiseren op scholen, in wijkgebouwen of binnen het eigen CJG over specifieke aspecten van opvoeding en ontwikkeling van kinderen. Jongeren kunnen tijdens informatiebijeenkomsten op school of in het CJG-gebouw geïnformeerd worden over mogelijkheden tot vrijetijdsbesteding of over wijkgebonden projecten waarvoor jongeren zelf verantwoordelijkheid nemen. Algemene voorlichting over opvoeding en ontwikkeling van baby's en peuters kan ook gegeven worden in het kader van cursussen zwangerschapsgymnastiek en -voorlichting. Waarom zou je die bijeenkomsten beperken tot informatie over medische aspecten?

Vanaf 2011 hebben de CJG's geprobeerd aan deze eerste functie van de Wmo vorm te geven. Er kwamen inloopspreekuren, er konden vragen gesteld worden via de website van het CJG en er werden voorlichtingsavonden georganiseerd voor ouders en jongeren over allerlei vormen van opvoedingsproblematiek. Maar helaas, het liep geen storm. Het CJG in Nijmegen en dat in Wijchen trokken gemiddeld twee bezoekers per week (Gaertner 2011). Voorlichtingsbijeenkomsten werden beter bezocht. Maar een aantal activiteiten die in het voorgaande genoemd zijn als mogelijke taken voor een CJG, werden en worden nog steeds niet in voldoende mate uitgevoerd. Ook de naam CJG verdween geleidelijk meer en meer uit beeld. In een groot aantal gemeenten wordt sinds 2015, mede ingegeven door de transitie van de jeugdzorg naar gemeenten, gewerkt met wijkteams, al dan niet gecoördineerd vanuit het CJG. In de wijkteams zitten vertegenwoordigers van allerlei jeugdzorg- en welzijnsinstellingen. Zij zijn vooral gericht op het onderkennen van wijkbewoners die zorg behoeven en veel minder dan het CJG op de noodzaak van informeren en advies geven. Door deze ontwikkeling dreigt die eerste functie van de Wmo in vergetelheid te raken.

Dan de tweede functie uit de Wmo: het signaleren van problemen. Ook hier maak ik een onderscheid tussen een meer of minder proactieve aanpak. Relatief simpel is de signalering als ouders of kinderen zelf een probleem in een CJG of wijkteam ter sprake brengen. Maar goed signaleren is meer dan afwachten of er klanten komen. De praktijk leert inmiddels dat die niet spontaan komen binnenlopen. Een CJG, maar ook de nieuwe wijkteams moeten daarom proactief te werk gaan en dat kan door het maken van afspraken over signalering met de nulde- en eerstelijnszorg. Het gaat om afspraken met huisartsen, crèches, peuterspeelzalen, voorschoolse educatie, basis- en voortgezet onderwijs en zorgadviesteams daarin, sportclubs, jongerenwerk, maatschappelijk werk, politie, leerplichtambtenaren et cetera. Het maken van afspraken over signalering en verwijzing met deze instellingen en personen is overigens niet afdoende. Deze instellingen en personen moeten ook weten wanneer zij jongeren en ouders moeten verwijzen naar een CJG of een wijkteam. Medewerkers van het CJG en/of van wijkteams moeten genoemde instellingen en personen voorzien van concrete informatie over problemen van individuen of groepen die wellicht in het CJG of wijkteam kunnen worden opgelost. Zij lossen daarmee ook het eerder door mij geschetste probleem van gebrekkige signalering in de nulde lijn op. Dat alles is slechts mogelijk als medewerkers van CJG's en wijkteams een gedegen opleiding hebben gehad. Zij moeten adequaat geschoold zijn om ontwikkeling van kinderen en problemen van ouders te kunnen duiden en om te kunnen vaststellen of er echt sprake is van een problematische opvoedingssituatie. Overigens ben ik van mening dat het signaleren van opvoedingsproblemen, de tweede functie van de Wmo, sinds 2011 veel beter gerealiseerd kan worden dan daarvoor omdat in een CJG en in wijkteams al een groot aantal instellingen uit de eerste lijn samenwerkt.

Een derde probleem in de eerstelijnszorg was dat er steeds meer ouders en kinderen verwezen werden naar de tweede lijn die bestaat uit relatief dure vormen van hulpverlening. In ons land was en is er nog steeds een toenemende tendens om kinderen te etiketteren (Winter 2011). Een druk kind krijgt al snel het label ADHD, een verlegen kind het etiket 'angststoornis'; bij een beetje agressief gedrag denken we aan een gedragsstoornis en verlegen, teruggetrokken gedrag wordt al vlug geassocieerd met autisme. Met dit soort etiketten kwam je al snel bij de tweedelijnszorg terecht. Maar als we ons realiseren dat nog steeds veel diagnoses worden gesteld met de klinische blik of met niet-valide instrumenten, dan mogen we terecht de vraag stellen of vele kinderen en ouders wel bij de tweedelijnszorg terecht hadden moeten komen. Mijns inziens kunnen veel meer ouders en kinderen geholpen worden in de eerste lijn en met name in het CJG of de sinds 2015 gevormde wijkteams. Dat sluit ook aan bij de derde functie van de Wmo: gemeenten moeten zelf voor licht pedagogische hulp zorgen.

Hoe kan het CJG of een wijkteam die functie van het geven van pedagogische hulp waarmaken? Op de eerste plaats is daarvoor nodig dat het CJG beschikt over goed opgeleide hulpverleners. Op de tweede plaats moet het CJG beschikken over adequate hulpverleningsvormen. In de literatuur wordt dan al snel gewezen op de noodzaak interventies te gebruiken die evidence-based zijn. Een aantal jaren geleden is de Erkenningscommissie Interventies ingesteld. Deze commissie bestaat uit vier deelcommissies met elk hun eigen expertise uit wetenschap en praktijk. Deelcommissie 1 beoordeelt of interventies op het terrein van jeugdzorg en psychosociale/pedagogische preventie kunnen worden opgenomen in de Databank Effectieve Interventies. Een aantal van de door deze commissie beoordeelde interventies is inzetbaar als het gaat om opvoedingsondersteuning vanuit een CJG of wijkteam. Bij al deze programma's gaat het om ouders te leren zo adequaat mogelijk met de problemen van hun kind om te gaan. Zo heeft het in veel gemeenten ingevoerde programma Triple P (Sanders 1999) voor allerlei problemen tipsheets samengesteld. Daarin wordt voor ouders op begrijpelijke wijze uitgelegd wat de oorzaak van die problemen kan zijn en hoe daarmee het beste kan worden omgegaan, allemaal zeer concreet. Die tips zijn echter niet uniek. Vrijwel alle tips zijn ook terug te vinden in een aantal oudercursussen en interventies die in ons land ontwikkeld zijn. Het gaat in feite om de volgende zaken: verandering in opvoedgedrag wat betreft ondersteuning en controle van kinderen en verbetering van de communicatie tussen ouders en kind.

2.3 · Problemen

In het voorgaande is impliciet eenzijdig accent gelegd op opvoedingsproblemen die gerelateerd zijn aan gedragsproblemen van kinderen. Maar wat te doen met jongeren met psychische problemen die tot nu vooral bij de jeugd-GGZ terechtkwamen en met jongeren die aangewezen waren op LVB-zorg? Voor de eerste groep jongeren zijn er in het verleden richtlijnen ontwikkeld over hoe om te gaan met depressie, angst- en gedragsstoornissen et cetera. Voor jongeren met een licht verstandelijke beperking zijn er vaardigheids- en weerbaarheidstrainingen, programma's voor begeleid wonen en arbeidsvoorbereiding ontwikkeld. Een aantal CJG's voert dit soort activiteiten op het terrein van licht pedagogische hulp nog altijd zelfstandig uit. In veel gemeenten is die taak sinds 2015 overgenomen door wijkteams. Medewerkers van die teams voeren gesprekken met ouders en/of jongeren over opvoedings-vragen en -problemen. Het gaat om medewerkers die veelal afkomstig zijn uit jeugdhulp- en GGZ-instellingen en formeel in dienst zijn gebleven bij de organisatie waar ze vandaan komen. Zij maken op basis van een of meerdere gesprekken samen met ouders en/of jongeren een plan. Daarin staat wat die zelf kunnen doen, hoe bekenden of vrijwilligers kunnen bijspringen, hoe professionele hulp door de medewerkers van het CJG of wijkteam zelf gegeven kan worden als vorm van hulpverlening in de eerste lijn en/of meer specialistische hulp uit de tweede lijn nodig is. Om dat alles goed te kunnen uitvoeren wordt ook wel gezegd dat medewerkers van het CJG en wijkteams generalisten moeten zijn. Een generalist in een wijkteam geeft gezinnen en jeugdigen ondersteuning op allerlei terreinen: opvoeding, huisvesting, financiën, werk en gezondheid. Volgens het NJi (▶www.nji.nl) moet de jeugd- en gezinsgeneralist kennis hebben over:

- normale ontwikkeling en opvoeding van jeugdigen (wat is normale ontwikkeling gezien de leeftijd en/of ontwikkelingsniveau van de jeugdige en wat vraagt dit aan opvoedingscapaciteiten van de ouders?);
- veelvoorkomende opvoedingsvragen, -risico's en - problemen;
- risico- en beschermende factoren die de normale ontwikkeling en opvoeding beïnvloeden (invloed op draaglast en draagkracht);
- inschatten en vergroten van de veiligheid van de jeugdige;
- mogelijkheden en beperkingen van de eigen kracht van gezinnen;
- inschatting mogelijkheden en noodzaak van de inzet van specialistische hulp;
- effectieve interventies: wat werkt gezien de aard en ernst van de problematiek en de mogelijkheden/beperkingen van dit gezin.

Ook wordt kennis verwacht over sectoren waar ouders en jeugdigen regelmatig mee te maken hebben:
- preventieve jeugdgezondheidszorg;
- opvoed- en opgroeiondersteuning;
- geestelijke gezondheidszorg voor jeugdigen (jeugd-GGZ);
- (licht) verstandelijk beperkten-problematiek.

Het moge duidelijk zijn dat deze generalisten een centrale rol moeten spelen binnen een wijkteam of CJG als het om opvoedingsproblemen in gezinnen gaat. Maar beschikt de jeugdzorg over deze generalisten? Iedereen die in de jeugdzorg werkzaam is, kent wel een aantal hulpverleners die als zodanig betiteld kunnen worden. Maar formele opleidingen tot academisch of hbo-gevormde generalist zijn nog nauwelijks van de grond gekomen. Wil de derde functie van de Wmo, het zelf verlenen van opvoedingshulp, echt goed van de grond komen, dan zullen CJG en wijkteams moeten investeren in deskundigheidsbevordering van hun medewerkers en moeten opleidingen op hbo- en universitair niveau deze scholing tot generalist serieus ter hand nemen. Zonder die inspanningen blijft het succes van het CJG en wijkteams erg afhankelijk van goedwillende, en toevallig als generalist goed functionerende professionals in die teams. Het gevaar bestaat dat wijkteams die nauwelijks over dit soort generalisten beschikken, onvoldoende vorm kunnen geven aan de derde functie van de Wmo, het zelf verlenen van opvoedingshulp in de eerste lijn.

2.3.2 Oplossingen voor de problemen in de tweede lijn

Sommige problemen van ouders en/of jongeren zijn dermate complex dat specialistische hulp nodig is. De vierde functie van de Wmo is het toeleiden naar vormen van specialistische tweedelijnszorg zoals gespecialiseerde vormen van gezondheidszorg, intensieve vormen van ambulante hulp, pleegzorg, residentiële zorg, jeugdbescherming en jeugdreclassering. Dat was tot 2015 de taak van Bureau Jeugdzorg. In 2010 sprak de parlementaire Werkgroep Toekomstverkenning Jeugdzorg in haar rapport Jeugd Dichterbij (2010) haar twijfels uit over het nut en de noodzaak van indicatiestellingen door BJZ. Er ging volgens deze werkgroep, bestaande uit vertegenwoordigers van acht politieke partijen, te veel tijd, geld en energie naar het indicatieproces en te weinig naar werkelijke hulp. Daarnaast noemde zij de kwaliteit van de indicatiestelling weinig inzichtelijk en weinig betrouwbaar. Haar voorstel was de indicatiestelling voor tweedelijnshulp gegeven in een vrijwillig kader af te schaffen.

Wat moest er dan wel gebeuren als het gaat om jeugdzorg in een vrijwillig kader? De werkgroep wilde dat een daartoe gekwalificeerde eerstelijnsprofessional de rol van regisseur en hulpverlener op zich zou nemen. Met ingang van 2015 is dat de taak van het CJG of wijkteams geworden. De generalisten die daarin werkzaam zijn, moeten beschikken over adequate kennis als het gaat om opvoedings- en ontwikkelingsproblemen en zij moeten overzien op welke manier en welke problemen door de specialistische zorg in de tweede lijn opgelost kunnen worden. Deze voornemens van de parlementaire werkgroep hebben overigens niet geleid tot een centrale toegang tot de tweedelijnszorg. Huisartsen, jeugdartsen en medische specialisten kunnen ook na 2015 rechtstreeks verwijzen naar specialistische hulpverlening.

Een ander belangrijk voorstel van de genoemde parlementaire werkgroep was dat er één financieringsstroom moest komen voor het preventieve beleid van gemeenten, de jeugdhulpverlening, de LVB-zorg en de jeugd-GGZ en die stroom moest bij de gemeenten binnenkomen. Daarmee zouden voor de gemeenten zogenaamde perverse prikkels worden tegengegaan. De werkgroep was van mening dat preventie niet direct gestimuleerd werd omdat kosten voor zwaardere vormen van hulpverlening werden gedragen door anderen (bijvoorbeeld de provincies en zorgverzekeraars) dan door degenen die verantwoordelijk zijn voor preventie (de gemeenten). Vanaf 2015 moeten de gemeenten preventie en interventie zelf gaan financieren; zij krijgen daartoe de middelen. Maar hoe die middelen goed te besteden als het gaat om de verwijzing naar de tweedelijnszorg?

In het voorgaande is gewezen op wildgroei wat betreft opvoedingsondersteuning in de eerste lijn. In de tweede lijn is het niet veel anders. Hoe effectief zijn de interventies en methodieken die daar in het verleden ontwikkeld zijn? Ik beperk me in het volgende tot programma's op het terrein van intensieve ambulante gezinsbegeleiding. Veerman en anderen (2005) hebben onderzoek uitgevoerd naar de effecten van programma's van intensieve ambulante gezinsbegeleiding. Zij hebben eerst geïnventariseerd hoeveel van die programma's er in Nederland waren. Dat waren er 92. Daarvan zijn er slechts 17 empirisch onderzocht en dat nog met een design dat geen uitsluitsel geeft over de effectiviteit van die programma's. Er zijn voor- en nametingen afgenomen, maar er zijn geen vergelijkingen met een controlegroep

2.3 · Problemen

gemaakt. Wel werd binnen die 17 projecten op basis van vergelijking van voor- en nametingen geconstateerd dat gedragsproblemen van kinderen waren verminderd en dat de opvoedingsbelasting door ouders na de interventie als minder zwaar werd ervaren. Vooralsnog mogen we echter alleen concluderen dat deze bevindingen een eerste aanwijzing voor effectiviteit van deze programma's inhouden, maar niet dat het om bewezen effectieve interventies gaat gebaseerd op een intern valide experimenteel design.

In het verleden heb ik meerdere keren gepleit voor het opheffen van alle vormen van intensieve ambulante gezinsbehandeling en al die vormen te vervangen door een gereedschapskist met effectieve technieken die tot doel hebben specifieke problemen van ouders en kinderen op te lossen. Er zijn in het verleden te veel methodieken ontwikkeld door een groot aantal instellingen. Die methodieken variëren qua duur en qua intensiteit, maar die verschillen worden niet ondersteund door resultaten van empirisch onderzoek waaruit zou moeten blijken dat de ene methodiek effectiever is dan de andere. Moeten we ons in de toekomst niet meer richten op specifieke technieken die binnen de verschillende programma's ontwikkeld zijn om doelen te bereiken in plaats van op de methodieken zelf? Vooralsnog ziet het daar niet naar uit. We implementeren nog steeds dure programma's uit de VS die wel in de VS evidence-based zijn bevonden, maar die hun meerwaarde boven de in ons eigen land ontwikkelde programma's nog moeten bewijzen. Maar kijkend naar de inhoud van die programma's, constateer ik dat de daarin beschreven technieken nauwelijks afwijken van die welke in Nederlandse programma's worden gehanteerd. In het verleden heb ik vaak gehamerd op meer protocollering (zie voor een goed overzicht over protocollering in de jeugdzorg Prins en Pameijer 2006), omdat uit onderzoek (zie voor een overzicht Van Yperen en Veerman 2008) blijkt dat hulpverleners die zich houden aan de regels die gelden voor de uitvoering van een programma, meer effect bereiken dan hulpverleners die daarvan afwijken. Ik wil dat standpunt relativeren. Algemeen werkzame factoren zoals kenmerken van de cliënt en hulpverlener lijken meer effect te hebben dan specifiek werkzame factoren (een methodiek of een programma als zodanig) (Yperen et al. 2010). Dwing die hulpverleners dan ook niet in een te strak keurslijf, maar zorg voor een gereedschapskist met technieken die bewezen effectief zijn.

Overigens gelden deze opmerkingen niet alleen voor programma's van intensieve ambulante gezinsbegeleiding, maar ook voor interventies op het terrein van angst, depressie, agressie en sociale vaardigheden. Ook voor die terreinen is het de vraag waarin de programma's wezenlijk van elkaar verschillen. In de Databank Effectieve Interventies zijn inmiddels 224 interventies als erkend opgenomen, maar wat is erkend? Voor 198 programma's geldt dat ze alleen maar theoretisch goed onderbouwd zijn. Een interventie krijgt deze classificatie als deze op zijn minst goed beschreven is en als aannemelijk is gemaakt dat met die interventie het gestelde doel kan worden bereikt. Voor het overgrote merendeel van deze interventies geldt dat er geen empirisch onderzoek is uitgevoerd naar de effectiviteit ervan of soms alleen zwak methodologische studies zoals een veranderingsonderzoek zonder controlegroep.

Al deze interventies zijn daarom nog niet bewezen effectief. Tot nu toe zijn er vier interventies met sterke, zeventien met goede en vijf met eerste aanwijzingen voor effectiviteit in de Databank opgenomen. Meer dan 150 andere interventies zijn niet erkend, omdat ze niet voldoen aan de criteria van een goede theoretische onderbouwing of niet meer worden uitgevoerd.

Terug naar het CJG of het wijkteam. Het team dat daar in concrete gevallen moet beslissen welke vorm van specialistische hulpverlening het best past bij een jongere en/of zijn/haar ouders moet wel uit duizendpoten bestaan. Je beperken tot wat bewezen effectief is, maakt de spoeling dun en is in de praktijk niet werkzaam. Mijn advies is om niet het aanbod maar de vragen van de cliënt leidend te laten zijn en dat kan dan soms resulteren in toepassing van een specifieke interventie en soms in de toepassing van een geheel aan specifieke technieken. Let wel, het gaat dan in de meeste gevallen om methodieken en technieken die alleen nog maar theoretisch goed onderbouwd zijn.

Om medewerkers van een CJG en wijkteams in de toekomst beter te ondersteunen is meer onderzoek nodig naar de effectiviteit van methodieken en specifieke technieken. De afgelopen tien jaar is er wat dat betreft veel in gang gezet door het ZonMw-programma 'Zorg voor Jeugd'. Er zijn tientallen projecten gehonoreerd. Resultaten daarvan zijn onlangs gepubliceerd (ZonMw 2015). In 2012 is door het Ministerie van Volksgezondheid, Welzijn en Sport goedkeuring verleend aan een vervolgprogramma, getiteld 'Effectief werken in de jeugdsector'. In een van de programmalijnen wordt momenteel onderzoek gedaan door zes consortia (samenwerkingsverbanden tussen universiteiten, hogescholen, beleids- en praktijkinstellingen) met als doel het indikken van het grote aanbod aan interventies op zes terreinen:

- Sociale vaardigheden, onzekerheid en weerbaarheid
- Angst, depressie, stemmingsproblemen en andere internaliserende gedragsproblemen
- Druk gedrag en ADHD
- Externaliserende gedragsproblemen en stoornissen
- Opvoedingsonzekerheid, preventief en lichte problematiek
- Zware opvoedproblemen, multiprobleemgezinnen

De consortia kunnen ervoor kiezen alleen bewezen effectieve interventies in de Databank Effectieve Interventies op te nemen. Dat is de meest simpele oplossing. Meer waarde hecht ik aan onderzoek naar werkzame bestanddelen van interventies door middel van mega-analyses en microtrials, waarin men mogelijk werkzame elementen en/of combinaties ervan op effectiviteit onderzoekt. Ook is een grondige analyse nodig van de handleidingen van interventies met als doel de werkzame elementen in die interventies te identificeren en zo te bepalen hoe verdere indikking van interventies kan plaatsvinden. Resultaten van dit indikkingsproces maken het over een paar jaar voor CJG's en wijkteams mogelijk een gerichtere keuze te maken uit het aanbod van specialistische jeugdzorg dan nu met de ontstane wildgroei aan interventies mogelijk is.

Resteert de vijfde functie van de Wmo, de coördinatie van zorg. Bij een aantal gezinnen zijn meerdere hulpverleners betrokken, bijvoorbeeld GGZ, maatschappelijk werk, politie, huisarts et cetera. Ieder werkte voornamelijk op eigen houtje. Er ontstaat dan geen netwerk rondom het gezin, maar een lappendeken van hulpverleners. Eén iemand moet de regie voeren. BJZ leek mij voor een paar jaar terug de meest aangewezen instelling om die functie te vervullen. Na realisering van de CJG's en wijkteams moet de regiefunctie daar terechtkomen, ook al wordt een deel van de hulp uitbesteed aan de tweedelijnszorg. Vanuit het CJG of wijkteams moet overleg tussen verschillende hulpverleners gecoördineerd worden. Elk gezin behoort zijn eigen gezinscoach te krijgen en die coach moet voldoende tijd krijgen om met gezin en andere hulpverleners te overleggen. Dit alles past bij de vijfde functie die in de Wmo voor gemeenten is opgenomen, en die veelal verwoord wordt als 'één gezin, één plan, één regisseur'.

2.4 Een betere toekomst?

Is het nieuwe stelsel van jeugdzorg zoals in het voorgaande geschetst, een garantie voor een betere toekomst van die zorg? Ik geloof daarin, zij het dat niet de wijzigingen op zich daarvan de directe oorzaak zullen zijn. Het werk in de jeugdzorg valt of staat met de kwaliteiten van mensen die in die zorg werkzaam zijn. De stelselwijzigingen zullen ervoor zorgen dat werkers in de jeugdzorg hun kwaliteiten nog beter kunnen aanwenden dan nu het geval is. Bovendien ontwikkelen hbo en wo steeds meer gerichte onderwijsprogramma's die ervoor zorgen dat afgestudeerden goed voorbereid zijn op het werk dat hun in de jeugdzorg te wachten staat. Ik beperk me tot de universitaire opleiding Orthopedagogiek. Orthopedagogen vonden tot nu toe vooral werk in de tweede lijn. Hun rol in de eerste lijn was bescheiden, maar wordt in de toekomst steeds belangrijker. Het onderwijs moet daarop inspelen. Wij hebben momenteel in ons land opleidingen Orthopedagogiek met veel accent op diagnostiek en behandeling. Dat is uitstekend voor de orthopedagogen die in de tweede lijn terechtkomen. Orthopedagogen in de eerste lijn moeten daarnaast beschikken over kennis van wat er in de nulde en eerste lijn gebeurt. Zij moeten met professionals uit die lijnen kunnen samenwerken, teams van hulpverleners in een CJG of wijkteam kunnen coachen, weten hoe ouders en kinderen bereikt moeten worden en via welke intermediaire personen en instanties dat het best gedaan kan worden. Coaching en interdisciplinair samenwerken worden steeds belangrijker in het werk van de orthopedagoog en dat geldt ook voor de orthopedagoog in de tweede lijn.

Een van de werkvelden in de opleidingen Orthopedagogiek is jeugdzorg. Momenteel houden delen van de orthopedagogiek, ontwikkelingspsychologie en klinische psychologie zich met dat werkveld bezig. Waarom die krachten niet bundelen en komen tot een gemeenschappelijke masteropleiding Jeugdzorg? In zo'n masteropleiding zou ook samengewerkt moeten worden met coördinatoren van CJG's en wijkteams. Dat optimaliseert het beroepsperspectief van studenten en de aansluiting van hun scholing bij de praktijk van de jeugdzorg. Met een dergelijke gedegen masteropleiding kan de functie van generalist op universitair niveau echt vorm worden gegeven.

2.5 Slot

De veranderingen in de jeugdzorg hebben geleid tot een op het oog meer ideaal stelsel. Maar er blijven nog haken en ogen. De invoering van wijkteams heeft de zorg dichter bij ouders en kinderen gebracht, maar de eerste functie van de Wmo, voorlichting en advies geven, lijkt een ondergeschoven kindje te worden. Die functie was uitdrukkelijk bedoeld voor het CJG, maar die functie wordt onvoldoende gerealiseerd omdat de veronderstelde laagdrempeligheid van een CJG niet heeft geleid tot op grote schaal gebruik ervan door ouders en jongeren. De tweede functie van de Wmo, het signaleren van problemen, heeft door het invoeren van wijkteams veel betere kansen gekregen. Samenwerkende instellingen in een wijkteam zijn beter in staat de signalerende functie vorm te geven dan een centraal CJG dat voor een gehele gemeente werkt. Maar of betere en vroegtijdige signalering tot betere hulpverlening leidt, is nog maar de vraag. CJG's en wijkteams moeten hun generalisten inzetten die zelf licht pedagogische hulp moeten bieden, de derde functie van de Wmo. Die generalisten zijn er nog maar nauwelijks en opleidingen zijn pas mondjesmaat begonnen de opleiding tot generalist vorm te geven. Wat betreft het geven van licht pedagogische hulp en de vierde functie van de Wmo, het verwijzen naar specialistische zorg, is er nog steeds het grote, onoverzichtelijke aanbod aan interventies. Het aantal interventies dat bewezen effectief is, is bovendien gering. Dat maakt de keuze voor de generalist bepaald niet gemakkelijk. De vijfde functie van de Wmo ten slotte, het coördineren van zorg, is een taak voor wijkteams waarmee nog weinig ervaring is opgedaan. De tijd zal moeten leren of aan de uitvoering van die functie effectief vormgegeven kan worden.

Literatuur

Gaertner, M. H. (2011). *Heeft de jeugd een toekomst; een vergelijking tussen de Centra voor Jeugd en Gezin in Nijmegen en Wijchen*. Nijmegen: Radboud Universiteit (master thesis).

Janssens, J. M .A. M. (2012). *Jeugdzorg en Orthopedagogiek*. Nijmegen: Radboud Universiteit.

Prins, P., & Pameijer, N. (2006). *Protocollen in de jeugdzorg. Richtlijnen voor diagnostiek, indicatiestelling en interventie*. Amsterdam: Pearson Assessment & Information.

Raad voor Maatschappelijke Ontwikkeling. (2012). *Ontzorgen en normaliseren: naar een sterke eerstelijns jeugd- en gezinszorg*. Den Haag: RMO.

Sanders, M. R. (1999). The Triple P-Positive Parenting Program: towards an empirically validated multilevel parenting and family support strategy for the prevention of behavior and emotional problems in children. *Clinical Child and Family Psychology Review, 2,* 71–90. ►doi:10.1023/A:1021843613840, 11225933.

Veerman, J. W., Janssens, J. M. A. M., & Delicat, J. W. (2005). Effectiviteit van Intensieve Pedagogische Thuishulp: Een meta-analyse. *Pedagogiek, 25,* 176–196.

Werkgroep Toekomstverkenningen Jeugdzorg. (2010). *Jeugdzorg dichterbij*. Den Haag: Tweede Kamer der Staten Generaal.

Winter, M. de. (2011). *Verbeter de wereld, begin bij de opvoeding*. Amsterdam: Uitgeverij SWP.

Yperen, T. van, Steege, M. van der, Addink, A., & Boendermaker, L. (2010). *Algemeen en specifiek werkzame factoren in de jeugdzorg*. Utrecht:NJi.

Yperen, T. A. van, & Veerman, J. W. (red.). (2008). *Zicht op effectiviteit. Handboek voor praktijkgestuurd effectonderzoek in de jeugdzorg*. Delft: Eburon.

ZonMw. (2015). *En… werkt het? 10 jaar onderzoek naar zorg voor de jeugd*. Den Haag: ZonMw.

Belangrijke sites:

► https://www.rijksoverheid.nl voor de Wet op de jeugdzorg 2006, de Jeugdwet 2015 en de Wet maatschappelijke ondersteuning 2015.

► http://www.nji.nl voor organisatie van de jeugdzorg, de Databank Effectieve Interventies, de transitie van de jeugdzorg en de functie van generalist in de jeugdzorg.

35 jaar integratieonderzoek: ontwikkelingen en opbrengsten

Trees Pels

3.1 Ontwikkelingen in het onderzoek – 34

3.2 Wat heeft het onderzoek gebracht? – 35

3.3 En hoe verder? – 36

Literatuur – 36

Prof. dr. Trees Pels, is werkzaam bij het Verwey-Jonker Instituut als senior onderzoeker en adviseur diversiteit. Daarnaast is zij bijzonder hoogleraar 'Opvoeden in de multi-etnische stad' aan de Vrije Universiteit. Zij studeerde psychologie aan de Universiteit van Amsterdam en promoveerde in 1991 in Leiden op een proefschrift over de opvoeding en educatie van Marokkaanse en autochtoon Nederlandse kleuters in het gezin en op school. Ze was sinds 1977 achtereenvolgens werkzaam bij de Raad voor het Jeugdbeleid, de Averroès Stichting en de universiteiten van Amsterdam, Leiden en Erasmus/Rotterdam. Ze hield en houdt zich bezig met opvoeding, onderwijs en de ontwikkeling van kinderen uit etnische groepen in Nederland, in informeel en formeel verband. De wisselwerking tussen gezinnen van nieuwe Nederlanders en instituties voor jeugd en gezin heeft haar bijzondere aandacht, evenals de diversiteit in het jeugdbeleid.

© Bohn Stafleu van Loghum, onderdeel van Springer Media BV 2016
S. Begeer et al. (Red.), *Transformaties in de jeugdzorg*, DOI 10.1007/978-90-368-1495-9_3

De komst van immigranten in Nederland heeft geleidelijk een nieuwe tak van wetenschap doen ontspruiten met integratie als kernthema. Ging het aanvankelijk om een select groepje onderzoekers, tegenwoordig is er bredere aandacht voor migranten en de generaties die hen opvolgen. Al zou er nog wel meer en ook beter onderzoek mogen plaatsvinden, zoals ik hierna zal betogen. Welke ontwikkelingen lieten ruim 35 jaar onderzoek zien? Wat heeft dat onderzoek gebracht, en wat ook niet? Welke ontwikkelingen zijn wenselijk? Dat zijn de vragen die ik hierna in kort bestek hoop te beantwoorden.

3.1 Ontwikkelingen in het onderzoek

Er zijn vermoedelijk weinig onderzoeksterreinen die zo sterk zijn veranderd in de benaming van hun onderwerp. We gingen van gast (gastarbeider), naar ingezetene van verre (allochtoon), lid van een etnische minderheid, nieuwe Nederlander en individu met een meervoudige identiteit (Marokkaanse Nederlander). Nog steeds gebruiken we 'migranten' als verzamelterm. Deels is dit terecht, want er is (en blijft) sprake van nieuwe instroom. Maar intussen is de generatie van in Nederland geboren en getogen 'nieuwe Nederlanders' in omvang al bijna even groot als de eerste generatie, terwijl de tweede generatie bij de grootste groepen, Marokkanen en Turken, al groter is dan de eerste (CBS, Statline, 07-08-15).

Niet alleen daarom leeft tegenwoordig sterk de vraag of we – vanwege de toegenomen 'superdiversiteit' (tussen en binnen groepen, naar generatie, gender, opleidingsniveau enz.) – niet van elke aparte aanduiding moeten afzien: een expliciet onderscheid kan immers bijdragen aan stigmatisering of ongelijke behandeling van verschillende groepen. Maar anderzijds vertonen afzonderlijke etnische groepen unieke patronen van acculturatie en integratie, zoals onderzoek naar bijvoorbeeld de opvoeding in migrantengezinnen laat zien (Pels et al. 2009a). Subgroepen blijven ook om specifieke aandacht vragen, zoals meiden uit Hindostaanse of Turkse kring die bovengemiddeld geneigd zijn tot suïcide, jonge mannen van Marokkaanse en Antilliaanse afkomst die oververtegenwoordigd zijn in de criminaliteit, of moslimkinderen die meer dan andere kinderen last hebben van pesten en discriminatie. Het benoemen of onderzoeken van specifieke groepen kan soms dus nodig zijn.

Het onderzoek naar de nieuwkomers veranderde in de loop der jaren sterk naar financiering en, daarmee samenhangend, aard. In de jaren na erkenning dat Nederland een immigratieland was geworden (begin tachtig) lag het accent op buitenuniversitair toegepast onderzoek, gefinancierd door de overheid. Dat bracht een nadruk mee op (problemen bij) de integratie. Een van de belangrijkste thema's was – en is tot op heden – preventie en bestrijding van onderwijsachterstand. Lang bleef veronachtzaamd hoe de ontvangst in de samenleving de kansen van immigranten beïnvloedde, hoe de maatschappelijke kijk op immigratie en integratie veranderde, of hoe de ontvangende instituties reageerden (bijv. Duyvendak et al. 2009). Na de eeuwwisseling (opkomst Leefbaar, PVV) ontstond wat meer aandacht voor de gevoelens die leefden in de samenleving, maar dan vooral die van de ontevreden burger. Onderzoek naar 'interculturalisering' van voorzieningen, opdat zij sensitiever worden voor de leefsituatie en behoeften van nieuwe Nederlanders en deze beter bereiken, kwam in de jaren 90 mondjesmaat op gang, nadat de voorzieningen gericht op afzonderlijke doelgroepen waren afgeschaft. Wat betreft de zorg voor jeugd kreeg het onderzoek hiernaar een impuls vanuit het ZonMw-programma 'Diversiteit in het Jeugdbeleid' (2008–2012). Het beoogde het bereik, de toegankelijkheid en effectiviteit van voorzieningen voor gezinnen en jeugdigen van niet-Nederlandse afkomst te verbeteren, ofwel deze 'diversiteitgevoeliger' te maken. Het programma werd vroegtijdig gestopt vanwege afname van draagvlak in de politiek (terwijl de doelen nog verre van gehaald zijn).

Hier is een parallel te trekken met de stand van zaken op de universiteiten. Ook daar heeft het lang geduurd voor de ogen opengingen voor de verkleuring van de bevolking en daaraan verbonden eisen aan onderzoek en theorievorming. Nog maar al te vaak geldt het westerse middenklassegezin als de (onbereflecteerde) maatstaf bij onderzoek en de theoretische onderbouwing ervan. Eén oorzaak is van ideologische aard: het draagvlak voor diversiteitgevoelig werken blijft breekbaar, zeker in een tijd van toenemende polarisatie en nadruk op nationale identiteit. Een andere oorzaak is van praktische aard: wetenschap die recht doet aan (etnische) verscheidenheid is lastiger en duurder, want er moet meer worden geïnvesteerd in werving van respondenten, aanpassing in taalgebruik en materialen, inzet van cultuursensitief personeel, aanpassing of ontwikkeling van meetinstrumenten. Van het laatste wordt bovendien vaak afgezien omdat het de acceptatie van artikelen in internationale tijdschriften bemoeilijkt.

Vanaf de jaren negentig kwamen er her en der wel specifieke leerstoelen (bijvoorbeeld interculturele pedagogiek in Leiden, en recenter Opvoeden in de multi-etnische stad en Diversiteit en onderwijs aan de VU), evenals onderzoeksprogramma's, zoals De Nederlandse Multiculturele en Pluriforme samenleving van NWO en het al genoemde ZonMw-programma. Al is diversiteitgevoelig werken veelal nog geen structureel aandachtspunt in universitaire curricula, aan elke universitaire afdeling voor pedagogiek en psychologie zijn tegenwoordig wel onderzoekers verbonden die aandacht besteden aan diversiteit.

3.2 Wat heeft het onderzoek gebracht?

Het wetenschapsbedrijf reageert, net als andere maatschappelijke instituties, niet al te vlot op de verkleuring van de bevolking. Niettemin zien we in de loop der tijd een verbreding ontstaan van invalshoeken. Mede door het toenemende aandeel van universitair en dus ook meer fundamenteel onderzoek is geleidelijk een lichte verschuiving te zien van het probleemperspectief naar aandacht voor een bredere thematiek, voor (super)diversiteit en voor de samenhang tussen de ontwikkeling van migranten(kinderen) en hun acceptatie in de samenleving. Deze trend is toe te juichen omdat een eenzijdige nadruk op problemen aan de kant van de nieuwkomers en op hun anders-zijn bijdraagt aan (ervaringen van) onrechtvaardige bejegening en uitsluiting. We kunnen overigens niet spreken van een aardverschuiving in het onderzoek: aangezien ook de universiteiten toenemend hun financiering uit de markt moeten halen, blijft de probleemoriëntatie dominant. Ook het feit dat 'maatschappelijke relevantie' zwaarder is gaan wegen bij toekenning van wetenschappelijk onderzoek draagt hieraan bij.

Ondanks tekortkomingen heeft het onderzoek in de afgelopen decennia belangrijke inzichten opgeleverd. Zo weten we nu dat een meervoudige loyaliteit, zowel aan de (cultuur van) herkomst als aan de samenleving van de toekomst, het gunstigst is voor de ontwikkeling van kinderen, en niet assimilatie (Berry et al. 2006). En dat de opvoeding in gezinnen van nieuwkomers net zo veel verscheidenheid vertoont als die in autochtone gezinnen, bijvoorbeeld van heel autoritair tot heel toegeeflijk (Pels et al. 2009a). Dat radicale uitingen van jongeren een schreeuw kunnen zijn om persoonlijke pedagogische aandacht, die thuis en op school niet altijd wordt geboden (Pels 2014). Dat gezinnen mede op afstand staan van voorzieningen voor onderwijs en zorg omdat hun visie en verwachtingen daar niet aan bod komen; en dat integratie niet alleen investeringen vergt van de nieuwkomers, maar ook van de maatschappelijke instituties (Distelbrink et al. 2012). De worsteling van autochtone gezinnen met opvoeden in de multi-etnische samenleving is daarbij overigens nog onderbelicht (Pels 2010).

3.3 En hoe verder?

Immigratie is een permanent verschijnsel en dus is ook in onderzoek permanente aandacht nodig voor diversiteit, bijvoorbeeld in de opvoeding en ontwikkeling van kinderen. Nieuwe groepen immigranten brengen nieuwe vragen mee, evenals opeenvolgende generaties. Ook dienen zich nieuwe urgente thema's aan, zoals de gevolgen van polarisatie en stigmatisering voor opgroeiende kinderen en hun opvoeders, of de omgang met pluriformiteit door autochtone opvoeders en reguliere instituties voor jeugd en gezin.

Meer in het algemeen vergt de toenemende diversiteit in de samenleving een structurele investering in de 'ecologische validiteit' van onderzoek, dat wil zeggen in de geldigheid ervan voor alle jeugdigen en gezinnen, ongeacht hun herkomst. Dit betekent aandacht voor inclusie van nieuwe Nederlanders als respondenten, evenals voor de geldigheid en toepasbaarheid van gebruikte theorieën, procedures en instrumenten in diverse groepen: alle zaken die nog niet vanzelfsprekend zijn (bijv. Pels et al. 2009b). Opdat we bouwen aan empirie en theorie die niet alleen geldig is voor de mainstreampopulatie, maar recht doet aan de multi-etnische samenstelling van de Nederlandse bevolking.

Literatuur

Berry, J. W., Phinney, J. S., Sam, D. L., & Vedder, P. (2006). Immigrant youth: Acculturation, identity and adaptation. *An International Review. Applied Psychology, 55*(3), 303–332. ▶ doi:10.1111/j.1464-0597.2006.00256.x.

Distelbrink, M., Pels, T., Jansma, A., & Gaag, R. van der (2012). *Ouderschap versterken. Literatuurstudie over opvoeding in migrantengezinnen en de relatie met VVE, school, CJG en justitiële voorzieningen*. Utrecht: Verwey-Jonker Instituut.

Duyvendak, J. W., Pels, T., & Rijkschroeff R. (2009). A multicultural paradise? The cultural factor in Dutch integration policy. In J. L. Hochschild & J. H. Mollenkopf (Eds.), *Bringing outsiders in. Transatlantic perspectives on immigrant political incorporation* (pp. 129–140). Itaca: Cornell University Press.

Pels, T. (2010). *Opvoeden in de multi-etnische stad (oratie)*. Utrecht: Verwey-Jonker Instituut/VU.

Pels, T. (2014). *Voorkomen van radicalisering: óók een pedagogische opdracht!* Utrecht: Verwey-Jonker Instituut.

Pels, T., Distelbrink, M., & Postma, L. (2009a). *Opvoeding in de migratiecontext: Review van recent onderzoek naar de opvoeding in gezinnen van nieuwe Nederlanders, in opdracht van NWO*. Utrecht: Verwey-Jonker Instituut.

Pels, T., Distelbrink, M., & Tan, S. (2009b). *Meetladder Diversiteit Interventies. Naar verhoging van bereik en effectiviteit van interventies voor verschillende (etnische) doelgroepen*. Utrecht: Verwey-Jonker instituut.

Ontwikkeling en onderwijs: de bijdrage van bio-ecologische ontwikkelingsmodellen aan onderwijsonderzoek

Karine Verschueren

4.1 Inleiding – 38

4.2 De rol van leerkracht-kindinteracties in de ontwikkeling op school – 38
4.2.1 Affectieve kwaliteit van dyadische leerkracht-kindrelaties – 38
4.2.2 Leerkracht-kindinteracties op klasniveau: 'Teaching through interactions framework' – 41

4.3 De rol van leeftijdgenoten in de ontwikkeling op school – 42
4.3.1 Peergroep – 42
4.3.2 De leerkracht als 'sociaal architect' – 43
4.3.3 Het belang van peers voor academische motivatie en prestaties – 44

4.4 Samenspel met genetische factoren – 45

4.5 Conclusies en praktische implicaties – 46

Literatuur – 46

Prof. dr. Karine Verschueren is gewoon hoogleraar aan de Faculteit Psychologie en Pedagogische Wetenschappen en coördinator van de Onderzoekseenheid Schoolpsychologie en Ontwikkelingspsychologie van Kind en Adolescent aan de Katholieke Universiteit van Leuven.

© Bohn Stafleu van Loghum, onderdeel van Springer Media BV 2016
S. Begeer et al. (Red.), *Transformaties in de jeugdzorg*, DOI 10.1007/978-90-368-1495-9_4

4.1 Inleiding

In de ontwikkelingspsychologische literatuur is het bio-ecologische model van Bronfenbrenner (Bronfenbrenner en Morris 2006) de laatste decennia het dominante kader voor onderzoek. Dit model maakt duidelijk dat de ontwikkeling van kinderen en jongeren vorm krijgt door het complexe samenspel gedurende de tijd van enerzijds (biologische) kindkenmerken en anderzijds elkaar omvattende contexten, dicht bij het kind (bijv. gezin) en verder af (bijv. cultuur). De motor van de ontwikkeling zou zich vooral bevinden in de proximale processen die zich afspelen in de wisselwerking van het kind en zijn of haar nabije opvoedingsomgeving. Uiteraard zijn opvoeding en ouder-kindrelaties binnen de gezinscontext hierbij van groot belang. Die kregen in het verleden dan ook veruit de meeste aandacht van ontwikkelingspsychologische onderzoekers. Meer recent wordt ook de school als context voor ontwikkeling bestudeerd (Roeser et al. 2000). Onderwijs en scholing zijn met andere woorden niet meer uitsluitend onderwerp van studie voor onderwijskundigen, maar ook voor ontwikkelingspsychologen. In deze bijdrage ga ik dieper in op deze groeiende toepassing van bio-ecologische ontwikkelingsmodellen binnen de onderwijscontext. Daarbij ga ik achtereenvolgens in op onderzoek naar de rol van leerkracht-kindinteracties en van leeftijdgenoten en op de wisselwerking van beide met genetische kindkenmerken. Ik schets de voornaamste conclusies uit recent wetenschappelijk onderzoek en illustreer ook met voorbeelden van eigen onderzoek.

4.2 De rol van leerkracht-kindinteracties in de ontwikkeling op school

Dat ouder-kindinteracties belangrijk zijn voor de ontwikkeling van kinderen trekt niemand in twijfel. De invloed van ouderlijke opvoeding wordt zelfs veeleer over- dan onderschat (Scarr 1992). Voor wat de invloed van leerkrachten betreft, botst de ontwikkelingsonderzoeker vaak op meer argwaan en ongeloof. Het is ook terecht dat kritische vragen worden gesteld. Het vinden van een samenhang tussen leerkracht-leerlinginteracties en ontwikkelingsuitkomsten is immers niet voldoende om te concluderen dat leerkracht-leerlinginteracties de ontwikkeling beïnvloeden. Onderzoek naar de richting van verbanden is hiervoor nodig. Ook is het belangrijk om te toetsen of die samenhang niet louter verklaard kan worden door (initiële) kindkenmerken die beide beïnvloeden. De argwaan groeit nog wanneer het gaat over adolescenten: na de overgang van het basis- naar het secundair of voortgezet onderwijs hebben zij meestal niet één maar meerdere leerkrachten en rapporteren ze gemiddeld ook minder steun van deze leerkrachten (Bokhorst et al. 2010). Hun gerichtheid op klasgenoten en vrienden wordt daarentegen almaar groter (Bokhorst et al. 2010; LaFontana en Cillessen 2009). Goede reden dus om te twijfelen aan de relevantie van leerkracht-kindinteracties in de adolescentie?

4.2.1 Affectieve kwaliteit van dyadische leerkracht-kindrelaties

De rol van leerkracht-kindinteracties wordt vanuit diverse perspectieven onderzocht, bijvoorbeeld dynamische systeemmodellen, de interpersoonlijke theorie, motivatietheorieën zoals de zelfdeterminatietheorie, 'social support'-modellen of socialisatietheorieën, enzovoort (Davis 2003; Koomen et al. 2006; Verschueren en Koomen 2012). In het ontwikkelingspsychologische onderzoek is het gehechtheidsperspectief het meest gehanteerde theoretische kader (Pianta et al. 2003; Sabol en Pianta 2012). Het gehechtheidsperspectief geeft de leerkracht als ad hocgehechtheidsfiguur, ofwel als veilige basis en haven voor kinderen, een centrale rol (Verschueren en Koomen 2012; Zajac en Kobak 2006). In vergelijking met andere, onderwijskundige theorieën benadrukt het gehechtheidsperspectief sterker het belang van de affectieve kwaliteit van de *dyadische* of een-op-eenrelatie tussen een leerkracht en een individueel kind (Verschueren en Koomen 2012). Met andere woorden, er wordt beklemtoond dat een leerkracht met *ieder* kind van de klas een individuele relatie opbouwt, die kan variëren in kwaliteit. De kwaliteit wordt doorgaans afgemeten aan de mate van nabijheid, conflict en afhankelijkheid. Nabijheid verwijst naar warmte en open communicatie in de relatie tussen kind en leerkracht en naar de mate waarin een kind de leraar als een veilige haven gebruikt bij stress, bijvoorbeeld door troost te zoeken wanneer het zich niet goed voelt. Conflict is een negatieve affectieve dimensie die verwijst naar de mate waarin er negatieve gevoelens zijn en strijd heerst tussen kind en leerkracht. Afhankelijkheid betreft het overmatig aanklampend en hulpzoekend gedrag van het kind ten opzichte van de leerkracht, wat suggereert dat het kind de leerkracht onvoldoende als veilige basis gebruikt om de omgeving te exploreren (Verschueren en Koomen 2012; Verschueren et al. 2015). Deze affectieve dimensies worden doorgaans nagegaan aan de hand van leerkrachtrapportage, met name met de Student-Teacher-Relationship Scale (STRS, Pianta 2001; in het Nederlands bewerkt door Koomen et al. 2007). Daarnaast zijn ook kindrapportages (bijv. Koomen en Jellesma 2015; Vervoort et al. 2015) en observatiemetingen (bijv. Doumen et al. 2012) voorhanden om deze affectieve relatiedimensies te meten.

Longitudinaal onderzoek heeft overtuigend aangetoond dat de kwaliteit van de relatie van de leerkracht met individuele kinderen bijdraagt aan diverse aspecten van schoolse aanpassing, waaronder motivatie, gedragsmatige betrokkenheid en schools presteren (bijv. Burchinal et al. 2002). Daarnaast blijkt de relatiekwaliteit ook voorspellend voor de ontwikkeling van het gedragsmatig en emotioneel functioneren van het kind (bijv. Buyse et al. 2009). Deze longitudinale verbanden worden gevonden in één zelfde schooljaar, maar ook op langere termijn, over schooljaren heen (bijv. Hamre en Pianta 2001). Daarbij werd gecontroleerd voor andere mogelijke verklarende variabelen, zoals achtergrondkenmerken van het kind en van het gezin. Nog overtuigender evidentie voor de causale rol van leerkracht-kindinteracties komt uit interventie-onderzoek. Een versterking van de affectieve kwaliteit van de relatie via interventie blijkt immers niet alleen te leiden tot een verbetering van die relatie, maar ook tot een vermindering van probleemgedrag, zoals gerapporteerd door leerkrachten (bijv. Driscoll en Pianta 2010; Vancraeyveldt et al. 2015).

De mate van *conflict* in de leerkracht-kindrelatie is doorgaans het meest voorspellend voor de ontwikkeling van kinderen (Buyse et al. 2009; Hamre en Pianta 2001). Consistent met transactionele ontwikkelingsmodellen blijkt bijvoorbeeld dat een conflictvolle leerkracht-kindrelatie kan zorgen voor een versterking van reeds aanwezig probleemgedrag bij een kind. Zo stelden Doumen et al. (2008) in een longitudinaal onderzoek in de derde kleuterklas (groep 2) vast dat meer agressief gedrag van kleuters in het begin van het schooljaar leidde tot een toename van conflict met de leerkracht in het midden van het schooljaar, wat op zijn beurt weer leidde tot een verhoging van het agressieve gedrag op het einde van het schooljaar. Kinderen en leerkrachten dreigen aldus terecht te komen in een vicieuze cirkel van steeds toenemend probleemgedrag en een almaar negatiever wordende relatie. *Nabijheid* of warmte in de leerkracht-kindrelatie blijkt vooral op te treden als protectieve factor bij diverse groepen kwetsbare kinderen (zie Sabol en Pianta (2012) voor een overzicht). Zo stelden Buyse et al. (2011) vast dat kinderen die onveilig gehecht waren aan hun moeder, beschermd werden tegen een toename van agressief gedrag wanneer zij een warme, nabije relatie konden vormen met hun leerkracht. Eenzelfde bufferend effect van nabijheid in de relatie met de leerkracht is ook gevonden voor kinderen met externaliserende problemen (Silver et al. 2005), met internaliserende problemen (Berry en O'Connor 2010), en uit etnisch-culturele minderheidsgroepen (Meehan et al. 2003). Dit alles lijkt erop te wijzen dat vooral risicokinderen profiteren van een warme relatie met een leerkracht, mogelijk omdat juist zij minder (zelfregulatie)vaardigheden en andere hulpbronnen ter beschikking hebben. De relationele dimensie *afhankelijkheid* is nog het minst onderzocht en daardoor ook het minst begrepen. De meeste studies suggereren dat kinderen die overmatig een beroep doen op hun leerkracht voor hulp en steun meer negatieve ontwikkelingsuitkomsten tonen. Zo vonden Zee et al. (2013) in een grootschalige, crosssectionele studie in de bovenbouw van de basisschool, dat meer afhankelijkheid gepaard ging met een minder goede schoolse aanpassing. Afhankelijkheid was daarbij zelfs een belangrijker voorspeller dan nabijheid of conflict. Ook werd evidentie gevonden voor wederkerige, versterkende verbanden tussen afhankelijkheid van de leerkracht en internaliserend probleemgedrag over tijd (Roorda et al. 2014). Dit impliceert dat leerkrachten internaliserende problemen in stand kunnen houden of kunnen versterken door de afhankelijkheid van leerlingen te bekrachtigen. Het aantal longitudinale studies over de gevolgen van afhankelijkheid is echter schaars.

In de meeste studies werd de leerkracht-kindrelatiekwaliteit gemeten met de STRS en dus vanuit het perspectief van de leerkracht. Leerkrachtoordelen op basis van de STRS blijken significant en in de verwachte richting samen te hangen met oordelen van leerlingen, klasgenoten en observatoren, al zijn de verbanden doorgaans matig (Doumen et al. 2012; Doumen et al. 2009; Koomen en Jellesma 2015). Dat deze verschillende perspectieven slechts matig convergeren is begrijpelijk. Relatiepartners hebben hun eigen representatie van een relatie, die mede gekleurd wordt door hun ontwikkelingsgeschiedenis, persoonskenmerken, enzovoort. Bovendien baseren externe observatoren zich voor hun oordeel vooral op overte gedragingen en interacties, terwijl de perceptie van de relatiepartners zelf ook bepaald wordt door hun interactiegeschiedenis en daarmee gepaard gaande gevoelens en verwachtingen (Pianta et al. 2003). Niettemin is het belangrijk om de generaliseerbaarheid van de gevonden verbanden met leerkrachtoordelen van relatiekwaliteit te toetsen door gebruik van andere informanten. Een onderzoek waarin kinderen werden gevolgd tijdens de transitie van de kleuter- naar de lagere school bevestigde bijvoorbeeld dat meer conflict in de relatie tussen een kind en een leerkracht, zoals beoordeeld door een externe observator, aanleiding gaf tot een versterking van reeds aanwezig agressief gedrag van het kind (Verschueren et al. 2014).

De meeste studies over de rol van dyadische leerkracht-kindrelaties voor de ontwikkeling van kinderen zijn uitgevoerd bij jongere basisschoolkinderen. Onderzoek bij leerlingen uit de bovenbouw van de basisschool en in het voortgezet of secundair onderwijs levert echter gelijksoortige bevindingen op. In het algemeen wordt dus geen evidentie gevonden voor de (intuïtieve) aanname dat leerkracht-kindinteracties minder belangrijk zouden zijn voor het functioneren en de ontwikkeling van adolescenten. In een meta-analyse van 99 studies werd zelfs vastgesteld dat positieve leerkracht-kindinteracties sterker samenhingen met academische betrokkenheid en prestaties in het secundair of voortgezet onderwijs dan in het basisonderwijs; het omgekeerde was het geval voor negatieve leerkracht-kindinteracties (Roorda et al. 2011). Ondanks de gemiddelde daling in de kwaliteit van leerkracht-leerlinginteracties zoals ervaren door oudere leerlingen (zie ook Opdenakker 2014), lijken variaties in deze kwaliteit dus van belang te blijven voor succesvol schools functioneren. Dit blijkt overigens ook uit onderzoek waarbij leerkracht-leerlinginteracties in kaart worden gebracht vanuit andere theoretische kaders (zie bijv. Stroet et al. 2013 voor een recent systematisch overzicht van onderzoek vanuit de zelfdeterminatietheorie). Meer longitudinaal en interventie-onderzoek is echter nodig om de richting van de gevonden verbanden helder te krijgen.

4.2.2 Leerkracht-kindinteracties op klasniveau: 'Teaching through interactions framework'

Uiteraard zijn niet alleen affectieve relaties op dyadisch niveau van belang voor het leren en de ontwikkeling van kinderen op school. Ook de aard van de interacties van leerkrachten met de hele *groep* kunnen betekenisvol variëren en blijken van belang. Deze leerkracht-kindinteracties worden de laatste jaren vaak bestudeerd vanuit een conceptueel model dat 'Teaching through Interactions framework' wordt genoemd (Hamre et al. 2014; Hamre et al. 2013). Het model benadrukt het belang van drie aspecten of domeinen van leerkracht-kindinteracties: emotionele steun, klassenorganisatie, en instructiekwaliteit. Emotionele steun verwijst naar de mate van positieve, ondersteunende interacties in de klas en sensitiviteit van de leerkracht ten opzichte van de hele klasgroep. Klassenorganisatie betreft het bieden van goed gedragsmanagement en het maximaal en efficiënt gebruikmaken van instructietijd. Instructiekwaliteit gaat over het gebruik van instructie- en feedbackstrategieën die hogere orde denken, creativiteit en taalvaardigheid bij leerlingen stimuleren. Deze interactiedimensies worden doorgaans geobserveerd aan de hand van het Classroom Assessment Scoring System (CLASS; Pianta et al. 2008). De drie dimensies of domeinen bestaan op hun beurt uit subdimensies (bijv. Emotionele steun omvat de schalen Positief klimaat, Negatief klimaat, Sensitiviteit en Respect voor het perspectief van leerlingen), maar die worden meestal gecombineerd bekeken.

Onderzoek toont dat de kwaliteit van leerkracht-kindinteracties op klasniveau een effect heeft op de schoolse en gedragsmatige aanpassing van kinderen (Cadima et al. 2010; Hamre en Pianta 2005). De meeste van deze studies vonden plaats bij jonge basisschoolleerlingen, al is er ook een aantal studies met oudere leerlingen. Mashburn et al. (2008) vonden bijvoorbeeld dat meer emotionele steun gemeten op klasniveau meer sociale competentie en minder probleemgedrag van kinderen voorspelde, ook na controle voor een breed gamma van kind- en structurele klaskenmerken. Net als voor dyadische leerkracht-kindrelaties, is er bovendien evidentie dat de kwaliteit van interacties op klasniveau vooral belangrijk is voor kinderen met risico's voor schoolse problemen. Zo stelden Hamre en Pianta (2005) vast dat hoogrisicokinderen die in klassen terechtkwamen met meer ondersteunende leerkracht-kindinteracties minder problemen vertoonden dan vergelijkbare kinderen met minder ondersteunde leerkracht-kindinteracties en zelfs even weinig problemen als laagrisicokinderen. Onderzoek ondersteunt ook het belang van de andere interactiedimensies op klasniveau. Zo blijkt een betere klassenorganisatie positief bij te dragen aan de ontwikkeling van zelfregulatievaardigheden van kinderen (Downer et al. 2010; Rimm-Kaufman et al. 2009). Instructiekwaliteit blijkt onder meer van belang voor het schools presteren en voor de ontwikkeling van taalvaardigheid (Downer et al. 2010). Hamre en Pianta (2005) vonden dat vooral kinderen van lager opgeleide moeders konden profiteren van een betere instructiekwaliteit. In een steekproef van kleuters met een lage socio-economische status, vonden Cadima et al. (2015) dat een hoge instructiekwaliteit op klasniveau ook gunstige effecten had op de ontwikkeling van zelfregulatie, vooral voor kleuters die bij aanvang zwakkere zelfregulatieve vaardigheden hadden.

Longitudinale studies die *tegelijk* de effecten evalueren van de dyadische leerkracht-kindrelatiekwaliteit en van leerkracht-kindinteracties op klasniveau zijn schaars. De recente studie van Cadima et al. (2015) vormt hierop een uitzondering en laat zien dat *beide* niveaus van interacties (individueel en klasniveau) bijdragen aan de ontwikkeling van zelfregulatievaardigheden.

4.3 De rol van leeftijdgenoten in de ontwikkeling op school

Niet alleen leerkrachten zijn belangrijk voor de ontwikkeling van kinderen en jongeren op school. De school vormt bij uitstek ook een context waarin kinderen relaties vormen met hun leeftijdgenoten ofwel hun 'peers'. Onderzoekers maken een onderscheid tussen diverse niveaus van peerervaringen. Zo wordt het niveau van dyadische relaties (bijv. vriendschapsrelaties) onderscheiden van het niveau van de groep (Rubin et al. 2006; Rubin et al. 2015). In dit artikel focussen we op de rol van de peergroep. Een peergroep is meer dan de som van dyadische relaties; het gaat over een geheel van individuen die geregeld met elkaar omgaan. Sommige groepen zijn zelfgekozen; andere zijn 'opgelegd' als gevolg van bepaalde structuren. De klasgroep is een goed voorbeeld van de laatste categorie.

4.3.1 Peergroep

Op het niveau van de peergroep zijn verschillende dimensies te onderscheiden. In de afgelopen decennia is veruit de meeste aandacht gegaan naar de mate van acceptatie van een kind door de peergroep en de correlaten daarvan (Gifford-Smith en Brownell 2002). Peeracceptatie (versus peerverwerping) verwijst naar de mate waarin een kind geliefd (versus niet geliefd) is bij andere groepsleden. Gaandeweg hebben onderzoekers meer aandacht gekregen voor het belang van andere dimensies dan de mate van aanvaarding. Eén daarvan is (vermeende) populariteit, ofwel de populariteit zoals gepercipieerd door de peergroep. (Vermeend) populaire kinderen zijn niet noodzakelijk geliefd, maar hebben wel een grote invloed of impact binnen het sociale netwerk (Asher en McDonald 2009; Cillessen en Mayeux 2004). Naarmate kinderen ouder worden, is het voor hen niet alleen meer belangrijk om geliefd te zijn, maar ook om invloed te hebben in de groep (Rubin et al. 2006). Ook pesten is een fenomeen dat op groepsniveau plaatsvindt. Het wordt gedefinieerd als een herhaalde vorm van agressie, waarbij een of meer machtige kinderen intentioneel andere, minder machtige kinderen kwetsen (Salmivalli et al. 1996). Van belang is dat ook andere kinderen dan de dader en het slachtoffer een rol spelen bij het ontstaan en in stand houden van pesten, bijvoorbeeld omdat zij het agressieve gedrag van de dader bekrachtigen door hem/haar meer aandacht of invloed te geven of omdat zij het slachtoffer te weinig steun bieden (Orobio de Castro et al. 2007; Veenstra 2014). Op die manier speelt elk groepslid in feite een rol in het pesten.

Bovenstaande constructen zeggen iets over de status of de rol van een individu in de peergroep. Daarnaast hebben peergroepen zelf ook structurele en functionele kenmerken (Rubin et al. 2015). Groepen verschillen bijvoorbeeld in descriptieve normen en waarden (bijv. kenmerkende gedragingen of attitudes), in homogeniteit (bijv. gelijkenis qua geslacht, intelligentie, attitude ten opzichte van de school), in densiteit (i.e., hoe sterk/los zijn de banden tussen de groepsleden), in welke gedragingen geassocieerd zijn met meer invloed of populariteit ('norm salience'; Dijkstra en Gest 2014), enzovoort (Kindermann en Gest 2009; Rubin et al. 2015; Veenstra en Steglich 2012). Naarmate kinderen ouder worden, neemt ook het belang toe van 'cliques' binnen de grotere peergroep. Cliques bestaan doorgaans uit een drie- tot negental kinderen, vaak van hetzelfde geslacht (Rubin et al. 2015). Aan het eind van de basisschool vinden de meeste peerinteracties plaats in de context van een clique en zijn bijna alle kinderen lid van een clique (Brown en Dietz 2009). De kenmerken, normen en waarden van die cliques kunnen eveneens bepalend zijn voor de verdere ontwikkeling van kinderen (Rubin et al. 2006).

Tal van longitudinale en experimentele studies hebben aangetoond dat peerervaringen cruciaal zijn voor de ontwikkeling van kinderen. Heel wat Nederlandse onderzoekers hebben in belangrijke mate bijgedragen aan deze kennis over het belang van peerrelaties en -groepen. Het overgrote deel van deze studies gaan over de rol van peers voor de typische en atypische gedragsmatige en emotionele ontwikkeling van kinderen en jongeren (zoals externaliserend of internaliserend probleemgedrag). Op deze studies ga ik hier niet verder in omdat ze elders zijn samengebracht en uitvoerig zijn beschreven (bijv. Cillessen et al. 2011; Rubin et al. 2015; Rubin et al. 2009). Wel richt ik mij op twee actuele thema's die van belang zijn voor het onderwijs. Ten eerste, behandel ik de vraag hoe peerrelaties beïnvloed kunnen worden door leerkracht-kindinteracties en vice versa. Ten tweede, ga ik in op hoe peerrelaties van belang zijn voor academische uitkomsten, zoals schoolse motivatie, betrokkenheid en prestaties. Ik richt mij hierbij voornamelijk op de status van een individu in de peergroep (i.e., acceptatie en populariteit) en, in mindere mate, op peergroepkenmerken.

4.3.2 De leerkracht als 'sociaal architect'

Het lijkt bijna vanzelfsprekend dat peerrelaties in een schoolcontext mede beïnvloed worden door de centrale volwassen actoren in deze context: de leraren. Ook bio-ecologische ontwikkelingsmodellen gaan ervan uit dat de verschillende sociale ontwikkelingscontexten elkaar beïnvloeden (Bronfenbrenner en Morris 2006). Desondanks heeft onderzoek over relaties met peers en met leraren zich lange tijd los van elkaar ontwikkeld. Pas recent is daarin verandering gekomen. De leerkracht wordt meer en meer onderkend als een 'sociaal architect' die, al dan niet bewust, een regulerende invloed uitoefent op peerinteracties en -relaties in de klas (McAuliffe et al. 2009). Onderzoekers spreken over de '*invisible hand*' (Farmer et al. 2011) van leerkrachten, om aan te geven dat die invloed vaak onderbelicht blijft, ook in wetenschappelijk onderzoek. Ter verklaring van het effect van leerkrachten op peerrelaties baseert men zich doorgaans op de '*social referencing theory*' (Walden en Ogan 1988). Toegepast op klassen, stelt deze theorie dat kinderen hun leerkracht hanteren als een 'social referent', wat wil zeggen dat zij de houding en het gedrag van leerkrachten tegenover klasgenoten als relevante informatie gebruiken bij het vormen van hun eigen attitude ten opzichte van die peers (Hughes et al. 2001; McAuliff et al. 2009). Zowel experimenteel als longitudinaal onderzoek ondersteunt deze hypothese (Hughes et al. 2001; McAuliff et al. 2009; White en Kistner 1992). Maar er is ook evidentie voor het omgekeerde effect, vooral bij oudere kinderen. Longitudinaal onderzoek in de basisschool (vanaf groep 4 of het tweede leerjaar) laat zien dat meer peeracceptatie leidt tot meer steun van de leerkracht en meer peerverwerping tot minder steun (Hughes en Chen 2010; Leflot et al. 2011; Mercer en DeRosier 2008). Ter verklaring van deze peereffecten wordt erop gewezen dat leerkrachten een cognitief schema vormen van de sociale status van kinderen en zich vervolgens naar de verwachtingen in dit schema gaan gedragen (Mercer en DeRosier 2008). Ook wordt verondersteld dat meer verworpen kinderen zich minder betrokken gaan gedragen in de klas en hierdoor negatief gedrag van de leraar gaan uitlokken (Leflot et al. 2011). In een recente longitudinale studie in de bovenbouw van de basisschool werd evidentie gevonden voor transactionele relaties tussen peeracceptatie/verwerping en leerkrachtsteun: meer verworpen kinderen ervaarden in de loop der tijd minder steun van de leerkracht, wat hun verworpen status in de groep nog versterkte (Laet et al. 2014).

Consistent met het gegeven dat niet alleen peeracceptatie en -verwerping relevant zijn om de positie van kinderen in de peergroep te begrijpen, onderzochten Laet et al. (2014)

ook in welke mate en hoe (vermeende) populariteit in verband staat met dyadische leerkracht-kindrelaties. Zij vonden opnieuw transactionele verbanden tussen beide en wel als volgt: populaire kinderen in de klas ervaarden over tijd meer conflict met de leerkracht, wat hun populariteit onder peers nog deed toenemen. Door conflictvolle interacties uit te lokken met de leerkracht, lijken populaire kinderen hun sociaal centrale positie in de klas dus nog te versterken. Het is belangrijk dat leerkrachten zich bewust zijn van de onbedoelde effecten die hun interacties met leerlingen kunnen hebben.

4.3.3 Het belang van peers voor academische motivatie en prestaties

Longitudinaal onderzoek heeft overtuigend bevestigd dat kinderen die minder aanvaard worden door hun peers meer risico lopen op negatieve ontwikkelingsuitkomsten. Dit geldt ook voor academische uitkomsten, zoals schoolse motivatie, betrokkenheid en prestaties (Rubin et al. 2015). In een longitudinaal onderzoek in de bovenbouw van de basisschool stelden Laet et al. (2015a) bijvoorbeeld vast dat er in het algemeen een daling was van academische betrokkenheid in de loop van de tijd, maar dat een hoge mate van acceptatie binnen de klasgroep leerlingen daartegen beschermde. Effecten van peeracceptatie en van steun door leerkrachten waren daarenboven additief, wat wil zeggen dat zij onafhankelijk van elkaar een betekenisvolle bijdrage leverden. De auteurs concludeerden dan ook dat beide sociale relaties belangrijk zijn voor het optimaliseren van betrokkenheid op school. Ook in het voortgezet of secundair onderwijs wordt een beschermend effect vastgesteld van ervaren steun door peers op de afname van academische betrokkenheid, boven op de steun van leerkrachten (Wang en Eccles 2012). Toch blijkt het positieve effect van acceptatie door de klasgroep op academische betrokkenheid af te nemen in de loop van het secundair onderwijs (Engels et al. 2015). Dit is consistent met het feit dat acceptatie door de hele klasgroep aan belang inboet ten voordele van sociale invloed binnen de groep en/of acceptatie binnen de eigen clique.

Longitudinaal onderzoek over het belang van andere aspecten van peerstatus, zoals (vermeende) populariteit, voor academische uitkomsten is nog schaars. Laet et al. (2015a) vonden geen effect van populariteit op de ontwikkeling van academische betrokkenheid tijdens de laatste drie jaren van het basisonderwijs. Wel vonden zij dat kinderen die meer populair waren in het vijfde leerjaar (groep 7) minder betrokkenheid gingen tonen in het zesde leerjaar (groep 8). Dit gold niet alleen voor de subgroep van de agressief populaire kinderen, die in het algemeen als meest risicovol wordt beschouwd voor schools falen, maar ook voor de niet-agressief populaire kinderen. Ook ander onderzoek suggereert dat bij de overgang naar de adolescentie, het academisch functioneren kan gaan lijden onder de behoefte van jongeren om populair te zijn bij hun peers (LaFontana en Cillessen 2009). Galván et al. (2011) vonden bijvoorbeeld dat kinderen die meer schoolse betrokkenheid toonden als 'cooler' werden gezien op de basisschool, maar juist als minder 'cool' bij de overgang naar het secundair onderwijs. Het onderzoek van Galván et al. (2011) maakte gebruik van hypothetische vignetten. Hopmeyer Gorman et al. (2002) vonden vergelijkbare resultaten bij beoordelingen van peers in het secundair onderwijs: leerlingen met hogere schoolresultaten en weinig verzuim waren volgens de deelnemers meer geliefd bij leerkrachten, maar waren *minder* populair onder peers.

De rol van peers in het schools functioneren kan ten slotte niet los worden gezien van kenmerken van de peergroep. Groepsnormen in verband met het belang van inzet en schools presteren, kunnen immers ook invloed hebben op de inzet en het schools presteren van de individuele groepsleden. Een longitudinaal onderzoek van Kindermann (2007) bij leerlingen van het zesde leerjaar (groep 8), bevestigde dat een hogere gemiddelde betrokkenheid van de peergroep leidde tot een stijging van de individuele betrokkenheid tijdens het schooljaar. Deze socialisatie-effecten traden op na controle voor selectie-effecten (ofwel: kinderen zijn geneigd om vrienden te zoeken met vergelijkbaar gedrag). Ze worden onder andere verklaard door processen als modeling en bekrachtiging, maar ook door het feit dat een meer academisch gerichte peergroep meer instrumentele steun kan bieden en kan zorgen voor een motiverender klimaat (Kindermann 2007). Vergelijkbare effecten van peergroepsnormen werden vastgesteld voor 'achievement goals'. Leerlingen kunnen verschillen in de mate waarin ze leerdoelen ('mastery goals') of prestatiedoelen ('performance goals') nastreven. Leerdoelen verwijzen naar het willen bijleren, het willen verwerven van meer inzicht of nieuwe competenties. Prestatiedoelen referen aan het beter (of niet slechter) willen presteren dan anderen. Gebruikmakend van longitudinale sociale netwerkanalyse lieten Shin en Ryan (2014) zien dat voor leerdoelen zowel socialisatie- als selectie-effecten optreden. Met andere woorden, leerlingen uit het zesde leerjaar (groep 8) waren geneigd om vrienden te kiezen met vergelijkbare leerdoelen, maar deze groepsdoelen hadden tegelijk een versterkend effect op de individuele leerdoelen. Voor prestatiedoelen werd alleen een socialisatie-effect vastgesteld, en uitsluitend voor jongens: jongens gingen meer lijken op hun vrienden wat betreft het beter willen presteren dan anderen; voor meisjes speelden deze socialisatie-effecten niet.

4.4 Samenspel met genetische factoren

Bio-ecologische modellen veronderstellen niet alleen een impact van de sociale omgeving op de ontwikkeling van kinderen en jongeren. Centrale assumptie is dat de ontwikkeling vorm krijgt door een samenspel van omgevingsfactoren en biologische (bijv. genetische) factoren eigen aan het kind of de jongere. Gen-omgevinginteracties zijn een voorbeeld van dergelijk samenspel. Deze impliceren dat het effect van het genotype op gedrag verschilt naargelang de sociale omgeving, of omgekeerd, dat omgevingseffecten verschillen naargelang iemands genotype (Moffitt et al. 2006). Tot dusver heeft onderzoek naar gen-omgevinginteracties zich vooral gericht op het gezin als sociale context. Onderzoek naar gen-omgevinginteracties binnen de schoolse context maakt pas recent opgang en betreft vooral peerrelaties en psychosociale uitkomsten (bijv. Brendgen 2014). Van Lier et al. (2007) stelden bijvoorbeeld vast dat kinderen zich vooral agressief gingen gedragen wanneer zij een hoog genetisch risico voor agressief gedrag combineerden met het hebben van agressieve vrienden op school. Onderzoek dat ook aandacht besteedt aan leerkrachtgedrag en leerkracht-kindrelaties is nog schaars. De eerste bevindingen zijn evenwel intrigerend. Zo stelden Guimond et al. (2015) in een tweelingstudie vast dat kinderen met een genetische aanleg voor angst en die gepest werden door peers meer angstsymptomen gingen vertonen, maar alleen wanneer hun leerkracht weinig effectiviteit rapporteerde in het omgaan met pesten of wanneer hij/zij aangaf dat antipestregels weinig gekend waren of weinig bekrachtigd werden in de klas. Naast dergelijke gedragsgenetische studies bieden zeer recent ook moleculair-genetische studies inzicht in het samenspel van genetische en omgevingsinvloeden op school. In een grootschalig onderzoek bij adolescenten, onderzochten Laet et al. (2015b) of dopaminerge genen (in dit geval DAT1 en DRD4) het effect modereerden van leerkracht-kindrelaties op gedragsmatige betrokkenheid op school. Genen die de neurotransmitter dopamine reguleren in de hersenen spelen een rol bij externaliserend gedrag, maar ook bij aspecten van gedragsmatige betrokkenheid zoals concentratie (Gordon et al. 2012). De resultaten toonden dat leerlingen die een minder positieve relatie met hun leerkrachten hadden, minder academisch betrokken waren. Maar dit gold vooral voor leerlingen met een bepaalde variant van het dopamine transporter DAT1-gen (namelijk bij de 10-repeat homozygoten). Voor het dopamine receptor DRD4-gen werd geen gen-omgevinginteractie vastgesteld in de voorspelling van academische betrokkenheid. Bepaalde genetische kwetsbaarheden blijken het effect van leerkracht-kindrelaties dus te versterken. Deze bevindingen steunen eerder onderzoek waaruit blijkt dat de leerkracht vooral een verschil maakt voor kinderen met gedragsmatige indicaties van kwetsbaarheid (Sabol en Pianta 2012).

4.5 Conclusies en praktische implicaties

De studies in dit overzicht illustreren dat ontwikkelingspsychologische modellen in toenemende mate als kader worden gebruikt om inzicht te krijgen in het functioneren van kinderen en jongeren in een onderwijscontext. De toenadering van ontwikkelings- en onderwijsonderzoek kan gezien worden als een verrijking voor het ontwikkelingspsychologische onderzoek, dat de school als ontwikkelingscontext te lang over het hoofd heeft gezien. Tegelijk kan ook het onderwijsonderzoek profiteren van een ontwikkelingspsychologische invalshoek. De ontwikkelingspsychologie biedt gedifferentieerde (multidimensionele) en wetenschappelijk onderbouwde kaders om de rol van proximale sociale relaties, met leerkrachten en peers, voor de ontwikkeling en het functioneren van kinderen op school te bestuderen. Bio-ecologische ontwikkelingsmodellen leveren een bijdrage aan onderwijsonderzoek door de onderlinge wisselwerking van sociale relaties en hun samenspel met biologische kindkenmerken voor het voetlicht te brengen.

Bovenstaande inzichten over het belang van leerkrachten en peers voor de ontwikkeling op school zijn uiteraard ook van belang voor de onderwijspraktijk. Ze tonen dat leerkrachten wel degelijk een verschil kunnen maken, en wellicht zelfs het meeste voor de kinderen waarover ze zich de grootste zorgen maken. Bovenvermeld onderzoek over de rol van leerkracht-kindinteracties in peerrelaties kan eveneens worden benut in lerarenopleidingen, nascholing en psycho-educatie. Ze kunnen leerkrachten laten reflecteren op hoe zij peerrelaties in hun klas in gunstige zin kunnen ombuigen en kunnen hen alerter maken voor onbedoelde negatieve effecten van hun interactieve gedrag. Ten slotte illustreren de vermelde studies over de rol van peerrelaties in de academische ontwikkeling dat schools falen niet alleen te wijten kan zijn aan factoren in het kind of het gezin of aan tekorten in het aanbod op school, maar dat ook factoren in de peercontext een niet te verwaarlozen rol spelen.

Voor het verbeteren van peerrelaties is een aantal effectieve interventies in het Nederlandse taalgebied voorhanden (bijv. Kanjertraining, ▶www.jeugdinterventies.nl; zie Vliek et al. 2014). Voor het verbeteren van de kwaliteit van leerkracht-kindinteracties is recent eveneens een aantal interventies ontwikkeld voor Nederland en Vlaanderen. Veelbelovende evidentie voor hun effectiviteit werd gevonden in gerandomiseerd vergelijkend onderzoek (Spilt et al. 2012; Vancraeyveldt et al. 2015). Het verdient aanbeveling deze inspanningen voort te zetten zodat leerkrachten en hun begeleiders over wetenschappelijk onderbouwde handvatten beschikken om sociale relaties in de klas te versterken en de schoolse ontwikkeling van leerlingen te ondersteunen.

Literatuur

Asher, S., & McDonald, K. (2009). The behavioral basis of acceptance, rejection, and perceived popularity. In K. H. Rubin, W. M. Bukowski & B. Laursen (Eds.), *The Handbook of Peer Interactions, Relationships, and Groups* (pp. 232–248). New York: Guilford.

Literatuur

Berry, D., & O'Connor, E. (2010). Behavioral risk, teacher-child relationships, and social skill development across middle childhood: A child-by-environment analysis of change. *Journal of Applied Developmental Psychology, 31*(1), 1–14. ►doi:10.1016/j.appdev.2009.05.001.

Bokhorst, C. L., Sumter, S. R., & Westenberg, P. M. (2010). Social support from parents, friends, classmates, and teachers in children and adolescents aged 9 to 18 years: Who is perceived as most supportive? *Social Development, 19*(2), 417–426. ►doi:10.1111/j.1467-9507.2009.00540.x.

Brendgen, M. (2014). Introduction to the special issue: The interplay between genetic factors and the peer environment in explaining children's social adjustment. *Merrill-Palmer Quarterly, 60*(2), 101–109. ►doi:10.13110/merrpalmquar1982.60.2.0101.

Bronfenbrenner, U., & Morris, P. A. (2006). The bioecological model of human development. In R. M. Lerner & W. Damon (Eds.), *Handbook of child psychology* (6th ed., Vol. 1, pp. 793–828). Hoboken: Wiley.

Brown, B. B., & Dietz, E. (2009). Informal peer groups in middle childhood and adolescence. In K. H. Rubin, W. M. Bukowski & B. Laursen (Eds.), *Handbook of Peer Interactions, Relationships, and Groups* (pp. 361–376). New York: Guilford Press.

Burchinal, M. R., Peisner-Feinberg, E., Pianta, R. C., & Howes, C. (2002). Development of academic skills from preschool to second grade: Family and classroom predictors of developmental trajectories. *Journal of School Psychology, 40*(5), 415–436. ►doi:10.1016/s0022-4405(02)00107-3.

Buyse, E., Verschueren, K., Verachtert, P., & Damme, J. van. (2009). Predicting school adjustment in early elementary school: Impact of teacher-child relationship quality and relational classroom climate. *Elementary School Journal, 110*(2), 119–141. ►doi:10.1086/605768.

Buyse, E., Verschueren, K., & Doumen, S. (2011). Preschoolers' attachment to mother and risk for adjustment problems in kindergarten: Can teachers make a difference? *Social Development, 20*(1), 33–50. ►doi:10.1111/j.1467-9507.2009.00555.x.

Cadima, J., Leal, T., & Burchinal, M. (2010). The quality of teacher-student interactions: Associations with first graders' academic and behavioral outcomes. *Journal of School Psychology, 48*(6), 457–482. ►doi:10.1016/j.jsp.2010.09.001, 21094394.

Cadima, J., Verschueren, K., Leal, T., & Guedes, C. (2015). Classroom Interactions, dyadic teacher-child relationships, and self-regulation in socially disadvantaged young children. *Journal of Abnormal Child Psychology.* ►doi:10.1007/s10802-015-0060-5.

Cillessen, A. H. N., & Mayeux, L. (2004). From censure to reinforcement: Developmental changes in the association between aggression and social status. *Child Development, 75*(1), 147–163. ►doi:10.1111/j.1467-8624.2004.00660.x, 15015681.

Cillessen, A. H. N., Schwartz, D., & Mayeux, L. (2011). *Popularity in the Peer System*. New York: The Guilford Press.

Davis, H. A. (2003). Conceptualizing the role and influence of student–teacher relationships on children's social and cognitive development. *Educational Psychologist, 38*(4), 207–234. ►doi:10.1207/s15326985ep3804_2.

Laet, S. de, Doumen, S., Vervoort, E., Colpin, H., Leeuwen, K. van, Goossens, L., & Verschueren, K. (2014). Transactional links between teacher-child relationship quality and perceived versus sociometric popularity: A three-wave longitudinal study. *Child Development, 85*(4), 1647–1662. ►doi:10.1111/cdev.12216.

Laet, S. de, Colpin, H., Vervoort, E., Doumen, S., Leeuwen, K. van, Goossens, L., & Verschueren, K. (2015a). Developmental trajectories of children's behavioral engagement in late elementary school: Both teachers and peers matter. *Developmental Psychology, 51*(9), 1292–1306. ►doi:10.1037/a0039478.

Laet, S. de, Colpin, H., Leeuwen, K. van, Noortgate, W. van den, Claes, S., Janssens, A., Goossens, L., & Verschueren, K. (2015b). Teacher-student relationships and adolescent behavioral engagement and rule-breaking behavior: The moderating role of dopaminergic genes. Manuscript tentatively accepted by *Journal of School Psychology*.

Dijkstra, J. K., & Gest, S. D. (2014). Peer norm salience for academic achievement, prosocial behavior, and bullying: Implications for adolescent school experiences. *Journal of Early Adolescence, 34,* 1–18.

Doumen, S., Verschueren, K., Buyse, E., Germeijs, V., Luyckx, K., & Soenens, B. (2008). Reciprocal relations between teacher-child conflict and aggressive behavior in kindergarten: A three-wave longitudinal study. *Journal of Clinical Child and Adolescent Psychology, 37*(3), 588–599. ►doi:10.1080/15374410802148079, 18645749.

Doumen, S., Verschueren, K., Buyse, E., Munter, S. de, Max, K., & Moens, L. (2009). Further examination of the convergent and discriminant validity of the Student-Teacher Relationship Scale. *Infant and Child Development, 18*(6), 502–520. ►doi:10.1002/icd.635.

Doumen, S., Koomen, H., Buyse, E., Wouters, S., & Verschueren, K. (2012). Teacher and observer views on student-teacher relationships: Convergence across kindergarten and relations with student engagement. *Journal of School Psychology, 50*(1), 61–67. ►doi:10.1016/j.jsp.2011.08.004, 22386078.

Downer, J., Sabol, T. J., & Hamre, B. (2010). Teacher-child interactions in the classroom: Toward a theory of within- and cross-domain links to children's developmental outcomes. *Early Education & Development, 21,* 699–723.

Driscoll, K. C., & Pianta, R. C. (2010). Banking time in head start: Early efficacy of an intervention designed to promote supportive teacher–child relationships. *Early Education & Development, 21*(1), 38–64. ►doi:10.1080/10409280802657449.

Engels, M. C., Colpin, H., Leeuwen, K. van, Bijttebier, P., Noortgate, W. van den, Goossens, L., & Verschueren, K. (2015). Academic engagement trajectories in adolescence: The role of peer likeability and popularity. Manuscript submitted for publication.

Farmer, T. W., McAuliffe Lines M., & Hamm J. V. (2011). Revealing the invisible hand: The role of teachers in children's peer experiences. *Journal of Applied Developmental Psychology, 32*(5), 247–256. ►doi:10.1016/j.appdev.2011.04.006.

Galván, A., Spatzier, A., & Juvonen, J. (2011). Perceived norms and social values to capture school culture in elementary and middle school. *Journal of Applied Developmental Psychology, 32*(6), 346–353. ►doi:10.1016/j.appdev.2011.08.005.

Gifford-Smith, M. E., & Brownell, C. A. (2002). Childhood peer relationships: Social acceptance, friendships, and peer network. *Journal of School Psychology, 41*(4), 235–284. ►doi:10.1016/s0022-4405(03)00048-7.

Gordon, E. M., Stollstorff, M., Devaney, J. M., Bean, S., & Vaidya, C. J. (2012). Effect of dopamine transporter genotype on intrinsic functional connectivity depends on cognitive state. *Cerebral Cortex, 22,* 2182–2196. ►doi:10.1093/cercor/bhr305, 3412445, 22047966.

Guimond, F. A., Brendgen, M., Vitaro, F., Dionne, G., & Boivin, M. (2015). Peer victimization and anxiety in genetically vulnerable youth: The protective roles of teachers' self-efficacy and anti-bullying classroom rules. *Journal of Abnormal Child Psychology, 43*(6), 1095–1106. ►doi:10.1007/s10802-015-0001-3, 25772425.

Hamre, B. K., & Pianta, R. C. (2001). Early teacher-child relationships and the trajectory of children's school outcomes through eighth grade. *Child Development, 72*(2), 625–638. ►doi:10.1111/1467-8624.00301, 11333089.

Hamre, B. K., & Pianta, R. C. (2005). Can instructional and emotional support in the first-grade classroom make a difference for children at risk of school failure? *Child Development, 76*(5), 949–967. ►doi:10.1111/j.1467-8624.2005.00889.x, 16149994.

Hamre, B. K., Pianta, R. C., Downer, J. T., DeCoster, J., Mashburn, A. J., Jones, S. M., et al. (2013). Teaching through interactions: Testing a developmental framework of teacher effectiveness in over 4,000 classrooms. *The Elementary School Journal, 113*(4), 461–487. ►doi:10.1086/669616.

Hamre, B., Hatfield, B., Pianta, R. C., & Jamil, F. (2014). Evidence for general and domain-specific elements of teacher–child interactions: Associations with preschool children's development. *Child Development, 85*(3), 1257–1274. ►doi:10.1111/cdev.12184, 24255933.

Hopmeyer Gorman, A., Kim, J., & Schimmelbusch, A. (2002). The attributes adolescents associate with peer popularity and teacher preference. *Journal of School Psychology, 40*(2), 143–165. ►doi:10.1016/s0022-4405(02)00092-4.

Hughes, J. N., Cavell, T. A., & Wilson, V. (2001). The developmental significance of the quality of teacher–student relationships. *Journal of School Psychology, 39,* 281–301.

Hughes, J. N., & Chen, Q. (2010). Reciprocal effects of student-teacher and student-peer relatedness: Effects on academic self-efficacy. *Journal of Applied Developmental Psychology, 32*(5), 278–287. ►doi:10.1016/j.appdev.2010.03.005.

Kindermann, T. A. (2007). Effects of naturally-existing peer groups on changes in academic engagement in a cohort of sixth graders. *Child Development, 78*(4), 1186–1203. ►doi:10.1111/j.1467-8624.2007.01060.x, 17650133.

Kindermann, T. A., & Gest, S. D. (2009). Assessment of the peer group. Identifying naturally occurring social networks and capturing their effects. In K. H. Rubin, W. M. Bukowski & B. Laursen (Eds.), *Handbook of peer interactions, relationships, and groups* (pp. 100–117). New York: The Guilford Press.

Koomen, H. M. Y., & Jellesma, F. C. (2015). Can closeness, conflict, and dependency be used to characterize students' perceptions of the affective relationship with their teacher? Testing a new child measure in middle childhood. *British Journal of Educational Psychology.* ►doi:10.1111/bjep.12094.

Koomen, H., Verschueren, K., & Thijs, J. (2006). Assessing aspects of the teacher-child relationship: A critical ingredient of a practice-oriented psycho-diagnostic approach. *Educational and Child Psychology, 23,* 50–60.

Koomen, H., Verschueren, K., & Pianta, R. C. (2007). *LLRV: Leerling leerkracht relatievragenlijst.* Houten: Bohn Stafleu van Loghum.

Literatuur

LaFontana, K. M., & Cillessen, A. H. N. (2009). Developmental changes in the priority of perceived status in childhood and adolescence. *Social Development, 19*(1), 130–147. ▶doi:10.1111/j.1467-9507.2008.00522.x.

Leflot, G., Lier, P. A. C. van, Verschueren, K., Onghena, P., & Colpin, H. (2011). Transactional associations among teacher support, peer social preference, and child externalizing behavior: A four-wave longitudinal study. *Journal of Clinical Child and Adolescent Psychology, 40*(1), 87–99. ▶doi:10.1080/15374416.2011.533409, 21229446.

Mashburn, A. J., Pianta, R. C., Hamre, B. K., Downer, J. T., Barbarin, O. A., Bryant, D., et al. (2008). Measures of classroom quality in prekindergarten and children's development of academic, language, and social skills. *Child Development, 79*(3), 732–749. ▶doi:10.1111/j.1467-8624.2008.01154.x, 18489424.

McAuliffe, M. D., Hubbard, J. A., & Romano, L. J. (2009). The impact of teacher behavior on children's peer relations. *Journal of Abnormal Child Psychology, 37*(5), 665–677. ▶doi:10.1007/s10802-009-9305-5, 19214736.

Meehan, B. T., Hughes, J. N., & Cavell, T. A. (2003). Teacher–student relationships as compensatory resources for aggressive children. *Child Development, 74*(4), 1145–1157. ▶doi:10.1111/1467-8624.00598, 12938710.

Mercer, S. H., & DeRosier, M. E. (2008). Teacher preference, peer rejection, and student aggression: A prospective study of transactional influence and independent contributions to emotional adjustment and grades. *Journal of School Psychology, 46*(6), 661–685. ▶doi:10.1016/j.jsp.2008.06.006, 2598743, 19083378.

Moffitt, T. E., Caspi, A., & Rutter, M. (2006). Measured gene-environment interactions in psychopathology: Concepts, research strategies, and implications for research, intervention, and public understanding of genetics. *Perspectives on Psychological Science, 1*(1), 5–27. ▶doi:10.1111/j.1745-6916.2006.00002.x, 26151183.

Opdenakker, M. C. J. L. (2014). Leerkracht-kindrelaties vanuit een motivationeel perspectief: het belang van betrokken en ondersteunende docenten. *Pedagogische Studiën, 91*, 332–350.

Orobio de Castro, B., Goossens, F., & Olthof, T. (2007). Relaties tussen kinderen op school. In K. Verschueren & H. Koomen (red.), *Handboek Diagnostiek in de leerlingenbegeleiding* (pag. 215–229). Antwerpen: Garant.

Pianta, R. C. (2001). *The Student–Teacher Relationship Scale*. Charlottesville: University of Virginia.

Pianta, R. C., Hamre, B., & Stuhlman, M. (2003). Relationships between teachers and children. In W. Reynolds & G. Miller (Eds.), *Handbook of psychology: Vol. 7. Educational psychology* (pp. 199–234). Hoboken: John Wiley.

Pianta, R. C., Paro, K. la, & Hamre, B. K. (2008). *Classroom Assessment Scoring System (CLASS) manual, pre-K*. Baltimore: Paul H. Brookes Publishing.

Rimm-Kaufman, S. E., Curby, T. W., Grimm, K., Nathanson, L., & Brock, L. L. (2009). The contribution of children's self-regulation and classroom quality to children's adaptive behaviors in the kindergarten classroom. *Developmental Psychology, 45*, 958–972. ▶doi:10.1037/a0015861, 19586173.

Roeser, R. W., Eccles, J. S., & Sameroff, A. J. (2000). School as a context of early adolescents' academic and social-emotional development: A summary of research findings. *The Elementary School Journal, 100*(5), 443–471. ▶doi:10.1086/499650.

Roorda, D. L., Koomen, H. M. Y., Spilt, J. L., & Oort, F. J. (2011). The influence of affective teacher-student relationships on students' school engagement and achievement: A meta-analytic approach. *Review of Educational Research, 81*(4), 493–529. ▶ doi:10.3102/0034654311421793.

Roorda, D. L., Verschueren, K., Vancraeyveldt, C., Craeyevelt, S. van, & Colpin, H. (2014). Teacher-child relationships and behavioral adjustment: Transactional links for preschool boys at risk. *Journal of School Psychology, 52*(5), 495–510. ▶doi:10.1016/j.jsp.2014.06.004, 25267171.

Rubin, K. H., Bukowski, W. M., & Parker, J. G. (2006). Peer interactions, relationships, and groups. In N. Eisenberg, W. Damon & R. M. Lerner (Eds.), *Handbook of Child Psychology, Vol.3. Social, Emotional, and Personality Development* (6th ed., pp. 571–645). New York: Wiley.

Rubin, K. H., Bukowski, W. M., & Laursen, B. (2009). *Handbook of peer interactions, relationships, and groups*. New York: Guilford.

Rubin, K. H., Bukowski, W. M., & Bowker, J. C. (2015). Children in Peer Groups. In R. M. Lerner (Ed.), *Handbook of child psychology and developmental science* (Vol. 4, pp. 1–48). ▶doi:10.1002/9781118963418.childpsy405.

Sabol, T. J., & Pianta, R. C. (2012). Recent trends in research on teacher-child relationships. *Attachment and Human Development, 14*(3), 213–231. ▶doi:10.1080/14616734.2012.672262, 22537521.

Salmivalli, C., Lagerspetz, K., Björkqvist, K., Österman, K., & Kaukiainen, A. (1996). Bullying as a group process: Participant roles and their relations to social status within the group. *Aggressive Behavior, 22*(1), 1–15. ▶doi:10.1002/(sici)1098-2337(1996) 22:1<1::aid-ab1>3.0.co;2-t.

Scarr, S. (1992). Developmental theories for the 1990s: Development and individual differences. *Child Development, 63*(1), 1–19. ▶doi:10.2307/1130897, 1343618.

Shin, H., & Ryan, A. (2014). Friendship networks and achievement goals: An examination of selection and influence processes and variations by gender. *Journal of Youth and Adolescence, 43*(9), 1453–1464. ►doi:10.1007/s10964-014-0132-9, 24820296.

Silver, R. B., Measelle, J. R., Armstrong, J. M., & Essex, M. J. (2005). Trajectories of classroom externalizing behavior: Contributions of child characteristics, family characteristics, and the teacher–child relationship during the school transition. *Journal of School Psychology, 43*(1), 39–60. ►doi:10.1016/j.jsp.2004.11.003.

Spilt, J. L., Koomen, H. M. Y., Thijs, J. T., & Leij, A van der (2012). Supporting teachers' relationships with disruptive children: The potential of relationship-focused reflection. *Attachment & Human Development, 14,* 305–318. ►doi:10.1080/14616734.2012.672286.

Stroet, K., Opdenakker, M. -C., & Minnaert, A. (2013). Effects of need supportive teaching on early adolescents' motivation and engagement: A review of the literature. *Educational Research Review, 9,* 65–87. ►doi:10.1016/j.edurev.2012.11.003.

Lier, P. van, Boivin, M., Dionne, G., Vitaro, F., Brendgen, M., Koot, H., Tremblay, R. E., & Pérusse, D. (2007). Kindergarten children's genetic vulnerabilities interact with friends' aggression to promote children's own agression. *Journal of the American Academy of Child and Adolescent Psychiatry, 46,* 1080–1087.

Vancraeyveldt, C., Verschueren, K., Wouters, S., Craeyevelt, S. van, Noortgate, W. van den, Colpin, H. (2015). Improving teacher-child relationship quality and teacher-rated behavioral adjustment amongst externalizing preschoolers: Effects of a two-component intervention. *Journal of Abnormal Child Psychology, 43*(2), 243–257.

Veenstra, R. (2014). Groepsprocessen bij jongeren: over pesten en ander probleemgedrag. *Kind en Adolescent, 35,* 86–99. ►doi:10.1007/s12453-014-0013-8.

Veenstra, R., & Steglich, C. (2012). Actor-based model for network and behavior dynamics. In B. Laursen, T. D. Little & N. A. Card (Eds.), *Handbook of Developmental Research Methods* (pp. 598–618). New York: Guilford Press.

Verschueren, K., & Koomen, H. (2012). Teacher-child relationships from an attachment perspective. *Attachment & Human Development, 14*(3), 205–211. ►doi:10.1080/14616734.2012.672260.

Verschueren, K., Cadima, J., & Doumen, S. (2014). De rol van leerkracht-kind interacties in de ontwikkeling van probleemgedrag tijdens de transitie naar de lagere school. *Pedagogische Studiën, 91*(5), 318–331.

Verschueren, K., Spilt J., & Colpin H. (2015). De school als interpersoonlijke context voor typische en atypische ontwikkeling: de rol van leerkrachten en leeftijdsgenoten. In G. Bosmans, I. Noens, P. Bijttebier & L. Claes (red.), *Diagnostiek bij kinderen, jongeren en gezinnen. Deel II: Ontwikkeling in context* (pag. 103–121). Leuven: Acco.

Vervoort, E., Doumen, S., & Verschueren, K. (2015). Children's appraisal of their relationship with the teacher: Preliminary evidence for construct validity. *European Journal of Developmental Psychology, 12*(2), 243–260. ►doi:10.1080/17405629.2014.989984.

Vliek, L., Overbeek, G., & Orobio de Castro, B. (2014). "I want to behave prosocially and I can choose to do so": Effectiveness of TIGER (Kanjertraining) in 8- to 11-year olds. *European Journal of Developmental Psychology, 11,* 77–89. ►doi:10.1080/17405629.2013.811405

Walden, T. A., & Ogan, T. A. (1988). The development of social referencing. *Child Development, 59*(5), 1230–1240. ►doi:10.2307/1130486, 3168639.

Wang, M. T., & Eccles, J. S. (2012). Social support matters: Longitudinal effects of social support on three dimensions of school engagement from middle to high school. *Child Development, 83*(3), 877–895. ►doi:10.1111/j.1467-8624.2012.01745.x, 22506836.

White, K., & Kistner, J. (1992). Teacher influence on children's peer perceptions. *Developmental Psychology, 28*(5), 933–940. ►doi:10.1037/0012-1649.28.5.933.

Zajac, K., & Kobak, R. (2006). Attachment. In G. Bear & K. Minke (Eds.), *Children's Needs III: Understanding and addressing the developmental needs of children* (pp. 379–389). Washington, D.C.: National Association of School Psychologists.

Zee, M., Koomen, H. M. Y., & Veen, I. van der. (2013). Student-teacher relationship quality and academic adjustment in upper elementary school: The role of child personality. *Journal of School Psychology, 51,* 517–533. ►doi:10.1016/j.jsp.2013.05.003, 23870445.

Verandering in de kinderbescherming; de ontwikkeling van het kind staat nu centraal

Wim Slot

Literatuur – 53

Prof. dr. Wim Slot was tot september 2009 directeur van PI Research en tot september 2013 bijzonder hoogleraar jeugdbescherming op de afdeling ontwikkelingspedagogiek van de Vrije Universiteit in Amsterdam. Hij is opgeleid tot gedragstherapeut. Hij ontwikkelde en evalueerde interventies voor jeugdigen met antisociaal gedrag en deed onderzoek in de kinderbescherming. Thans is hij werkzaam als adviseur van overheden en jeugdzorginstellingen en als begeleider van wetenschappelijk onderzoek.

© Bohn Stafleu van Loghum, onderdeel van Springer Media BV 2016
S. Begeer et al. (Red.), *Transformaties in de jeugdzorg*, DOI 10.1007/978-90-368-1495-9_5

De kinderbeschermingsmaatregel die het meest wordt uitgesproken is de ondertoezichtstelling (OTS). Zo'n tienduizend kinderen worden jaarlijks onder toezicht gesteld. Een OTS kan opgelegd worden 'indien een minderjarige zodanig opgroeit dat zijn zedelijke of geestelijke belangen of zijn gezondheid ernstig worden bedreigd…' (Lid 1 Art. 254 BW 1). Althans, dat is de formulering zoals die de afgelopen twintig jaar gold. Bij de wetswijziging per 1 januari 2015 is de grond voor een OTS echter anders verwoord. De verschillen tussen de oude en de nieuwe wettekst duiden op een verandering in de kijk op de kinderbescherming.

Om die verschuiving in beeld te brengen gaan we eerst terug naar 1995. De wet die voor die tijd van kracht was, sprak nog over 'een bedreiging met geestelijke of lichamelijke ondergang'. Dat was een wel erg gedateerde formulering die in de lopende jurisprudentie al niet meer werd gebruikt. De Hoge Raad stelde bijvoorbeeld al in 1967: 'Voor het uitspreken van de ondertoezichtstelling is het belang van het kind bepalend'. Met die term: *het belang van het kind* hebben juristen, jeugdbeschermers, zorgverleners de afgelopen twintig jaar gewerkt. Daarbij is regelmatig geconstateerd dat het begrip wel erg globaal was. Medewerkers bij de Raad voor de Kinderbescherming vonden het lastig om van dit begrip uit te gaan bij het adviseren van de kinderrechter om wel of niet een OTS op te leggen. De raadsrapporten benadrukten de vele risico's in de gezinssituatie en gingen uitgebreid in op het onvermogen tot opvoeden van ouders. Het gevolg was dat de lezer soms nauwelijks een beeld van het betrokken kind kreeg. Wat de OTS zou kunnen betekenen voor de toekomst van het kind werd al helemaal niet duidelijk. Na het opleggen van de OTS gingen de gezinsvoogden vaak in dezelfde lijn door. Ze stelden doelen die vooral op de ouders en de omgeving betrekking hadden en in mindere mate op het kind. Uit onderzoek bleek dat gezinsvoogden sowieso moeite hadden om concrete doelen te stellen (Slot et al. 2002). Dat kwam misschien juist wel doordat men er niet in slaagde het belang van het kind te concretiseren. Als je blijft hangen in doelen voor ouders kom je gemakkelijk tegenover elkaar te staan. En dan houd je de doelen liever maar vaag.

Dan is het 1 januari 2015. Er treedt nieuwe wetgeving[1] in werking die stelt: '…dat een minderjarige onder toezicht kan worden gesteld, indien de minderjarige zodanig opgroeit dat hij in zijn ontwikkeling ernstig wordt bedreigd, en de noodzakelijke zorg aan de minderjarige of aan zijn ouders om de bedreigingen voor de minderjarige weg te nemen niet in vrijwillig kader verleend kan worden (sub a lid 1 artikel 1:255 BW 1) en het de verwachting is dat de ouders de verantwoordelijkheid voor de verzorging en opvoeding binnen een aanvaardbaar te achten termijn kunnen dragen' (sub b lid 1 artikel 1:255 BW1). Er wordt niet meer over het *belang van het kind* gesproken. Het gaat in het vervolg om de vraag of de *ontwikkeling* van het kind al of niet ernstig wordt bedreigd. Dat is een enorme verbetering omdat iedereen die betrokken is bij het opleggen en uitvoeren van de OTS voortaan vanuit een ontwikkelingsperspectief naar het kind moet kijken. De ontwikkelingspsychologie en -pedagogiek vormen weliswaar geen spoorboekje dat precies aangeeft hoe de ontwikkeling zich in iedere levensfase voltrekt, maar dat neemt niet weg dat er heel veel concrete kennis voorhanden is over de wijze waarop kinderen zich ontwikkelen, hoe die ontwikkeling zich op verschillende levensterreinen manifesteert onder invloed van risico's en beschermende factoren en hoe ontwikkelingsachterstanden zich kunnen manifesteren. De nieuwe formulering in de wet kwam overigens niet uit de lucht vallen. Wetgeving volgt doorgaans de maatschappelijke ontwikkelingen en zo is het ook hier gegaan. Het ontwikkelingsperspectief heeft in de jaren voor de wetswijziging steeds meer aandacht gekregen in de kinderbescherming. Soms vanwege

---

1 Het voorstel EK 32.015A is op 15 maart 2011 met algemene stemmen aangenomen door de Tweede Kamer. De Eerste Kamer heeft het voorstel op 11 maart 2014 als hamerstuk afgedaan.

dramatische gebeurtenissen. Bijvoorbeeld de zaak Savanna, een onder toezicht gesteld meisje dat in 2004 door haar moeder werd omgebracht. De gezinsvoogd was te zeer op de moeder gefocust geweest en had niet opgemerkt dat het kind een grote lichamelijke en geestelijke ontwikkelingsachterstand had. In 2002 kwam het rapport *909 Zorgen* uit dat een model presenteerde om ontwikkelingspsychologische en pedagogische kennis aan te wenden bij het stellen en evalueren van doelen in het kader van de OTS (Slot et al. 2002). Dit model is later opgenomen in de zogeheten Deltamethode, een nieuwe werkwijze voor de gezinsvoogdij (Montfoort en Slot 2009). Vanuit een geheel andere hoek – de opvang en zorg voor vreemdelingenkinderen – werd eveneens een ontwikkelingspsychologisch kader aangewend om de mate van bedreiging van die kinderen in beeld te brengen (Zijlstra 2012). Het is goed dat *het belang van het kind* nu vanuit de ontwikkeling is geconcretiseerd. Jeugdbeschermers zeggen dat het ontwikkelingsperspectief hen helpt om het kind centraal te plaatsen. De communicatie met ouders verbetert als iedereen ervaart dat het om de ontwikkeling van het kind gaat.

De implicaties voor de praktijk lijken duidelijk: leer professionals om nog meer in termen van ontwikkeling te denken en te communiceren. Maar vooralsnog lijkt daar weinig animo voor te bestaan. Veiligheid, daar gaat het tegenwoordig om. Bij vernieuwingsinitiatieven in de kinderbescherming wordt veiligheid breed uitgemeten en vinden we de ontwikkeling van het kind in het geheel niet of slechts in de kleine lettertjes terug. Is veiligheid dan niet belangrijk? Jazeker. Maar het begrip heeft beperkingen: het leidt tot opschalen maar zelden tot afschalen. In de veiligheidsplannen die bij ernstige incidenten worden opgesteld, ontbreekt meestal een passage waarin staat wat de concrete omstandigheden en kind-gedragingen zijn die laten zien dat het plan kan worden teruggeschroefd of beëindigd. Normen voor veiligheid ontbreken en om in die lacune te voorzien grijpen organisaties naar risicotaxaties en veiligheidslijstjes die zonder gevalideerd te zijn kris kras door elkaar worden gebruikt. Veiligheid is nodig, maar niet voldoende. Uiteindelijk gaat het erom dat het kind zich onbelemmerd kan ontwikkelen. De wetgever heeft er twintig jaar over gedaan om daar achter te komen. Het zal toch niet gebeuren dat deze wezenlijke verandering onbenut blijft?

Literatuur

Montfoort, A. M. van, & Slot, N. W. (2009). *Handboek Deltamethode Gezinsvoogdij. Versie 3.* mmv N.A.M. Perquin, en M. Lever. Utrecht: Mogroep Jeugdzorg.

Slot, N. W., Theunissen, A., Esmeijer, F. J., & Duivenvoorden, Y. (2002). *909 Zorgen. Een onderzoek naar de doelmatigheid van de ondertoezichtstelling.* Amsterdam: VU, afdeling Orthopedagogiek.

Zijlstra, E. (2012). *In the best interest of the child? A study into a decision-support tool validating asylum-seeking children's rights from a behavioural scientific perspective.* Groningen: Universiteit van Groningen.

Ouders van kinderen met ASS door de jaren heen – The hand that rocks the cradle

Ina van Berckelaer Onnes

6.1 Inleiding – 56

6.2 Ouders in de jaren veertig en vijftig: scapegoats? – 56

6.3 De jaren zestig: ouders en deskundigen op de barricade – 58

6.4 Jaren zeventig en tachtig van scapegoat naar cotherapeut – 59

6.5 Ouders van nu – 60

6.6 Een terugblik met enkele implicaties voor de praktijk – 62

Literatuur – 63

Prof. dr. Ina van Berckelaer Onnes, emeritus hoogleraar orthopedagogiek Universiteit Leiden; gastdocent Universiteit van Padua, Italië, afdeling Psychologie.

© Bohn Stafleu van Loghum, onderdeel van Springer Media BV 2016
S. Begeer et al. (Red.), *Transformaties in de jeugdzorg*, DOI 10.1007/978-90-368-1495-9_6

6.1 Inleiding

Het beroemde in de negentiende eeuw verschenen gedicht *The hand that rocks the cradle is the hand that rules the world* van William Ross Wallace (1819–1881), is zeker van toepassing als we de weg volgen die moeders van kinderen met autisme hebben afgelegd voordat ze van het label 'ijskastmoeder' waren bevrijd. Hoewel Leo Kanner (1943) degene was die deze term (refrigerator parents) als eerst heeft gebruikt is het vooral Bruno Bettelheim (1967) geweest die de moeder als oorzaak van autisme van haar kind aanwees. Hoewel Kanner in 1943 aangeeft dat de ouders van de elf kinderen die hij een nieuw syndroom toekent (een jaar later noemt hij het early infantile autism; Kanner 1944), uit academische milieus komen en een koele intellectuele indruk maken, stelt hij daarnaast dat er sprake is van een aangeboren affectieve contactstoornis. In 1944 verschijnt een artikel over een vergelijkbare groep kinderen van de hand van Hans Asperger, een Weense kinderarts onder de titel 'Die Autistischen Psychopathen im Kindesalter' (Asperger 1944). Hij meent dat deze stoornis uitsluitend bij jongens voorkomt en ziet het als een extreme variant van het mannelijke karakter, van de mannelijke intelligentie. Ook hij onderkent een directe lijn naar de ouders. Zo stelt hij dat er bij de ouders van elke casus sprake is van psychopathologische trekken en dat genetische factoren een rol in het ontstaan van de stoornis spelen. Maar een duidelijke beschuldiging wordt niet uitgesproken. Voordat Kanner en Asperger hun artikelen publiceerden werd er in Nederland in de jaarverslagen 1938-1940 van het Paedologisch Instituut (P.I.) te Nijmegen al gesproken over kinderen met autisme. Het gaat om kinderen die niet in staat zijn tot een 'instinctieve schatting van ons gedrag' (Chorus en Zuster Gaudia 1939-1940). Zij schreven de ouders echter geen oorzakelijke factor toe.

De term autisme komt van Bleuler (1911) die de naam 'autismus' gebruikte om een symptoom van schizofrenie aan te duiden, doelend op het in zichzelf gekeerde gedrag en gebaseerd op het Griekse woord autos, dat zelf betekent. Het moge duidelijk zijn dat Chorus, Kanner en Asperger zich bij hun benaming primair hebben laten leiden door het afwijkende sociale gedrag. Zij hebben het echter als naam voor een syndroom gebruikt, niet voor een symptoom, hetgeen door vele onderzoekers wordt betreurd omdat autisme meer behelst dan alleen sociale tekortkomingen.

Interessant is dat de drie wetenschappers omstreeks dezelfde tijd hun onderzoek over autistische kinderen publiceerden, zonder dat ze daarvan op de hoogte waren. De Tweede Wereldoorlog is hier mede debet aan. De geschriften zijn daarnaast in de landstaal van de auteurs gepubliceerd. De Engelstalige artikelen van Kanner hebben zeker in het begin verreweg de grootste bekendheid gekregen. Het aspergersyndroom werd pas in 1981 onder de aandacht van de Engelse lezers gebracht door Lorna Wing, hetgeen de benaming aspergersyndroom heeft opgeleverd (Wing 1981). Vanaf 1991 heeft deze stoornis een veel groter Engelstalig leesgebied bereikt door de vertaling van het volledige artikel van Asperger door Frith (1991). Chorus en zijn collega's van het P.I. kregen die internationale erkenning niet, maar nationaal gebeurde dat wél in 1968 toen Zuster Gaudia, inmiddels uit de orde getreden, onder haar naam Ida Frye haar proefschrift 'Fremde unter uns' publiceerde (Frye 1968).

6.2 Ouders in de jaren veertig en vijftig: scapegoats?

De eerste autisme-artikelen van Kanner (1943, 1944, 1949) trekken veel aandacht, vooral de verhandelingen over mogelijke oorzaken leiden tot verwoede discussies. In 1951 verschijnt het schokkende artikel van Despert onder de titel 'Some considerations relating to the genesis of autistic behaviors in children'. Het feit dat er nog geen harde markers voor autisme waren gevonden deed alle ogen op de ouders vestigen. Despert spaarde de moeders van kinderen met autisme absoluut niet: Zo beschrijft ze een moeder als *'compulsief, perfectionistisch, narcistisch, onrijp, rigide, emotioneel "detached", bang voor lichamelijk contact, niet sensitief, en alleen capabel op intellectueel gebied'* (p. 335–347). Op deze beschrijving van Despert, reageert Ribble (1951, p. 350) met de woorden: *'Ik geloof dat een kind dat autistisch gedrag vertoont in de eerste levensjaren zulke ernstige traumatische ervaringen heeft opgedaan dat het een moeder symboliseert die haar kind haat'.*

In dezelfde periode verschijnt de publicatie van Mahler (1952), die autistisch gedrag in een normaal ontwikkelingsproces plaatst. Zij onderscheidt de normaal-autistische fase (de eerste levensweken), de normaal-symbiotische fase (tot zes maanden) en de individuatie-separatiefase (tot 2,5 jaar). De autistische fase kan in het kort als volgt worden gekarakteriseerd: de baby is als het ware omgeven door een beschermingsschild, waarin deze afgesloten is van de voor hem te sterke, overspoelende stimuli van de omringende wereld. De 'autistic shell' is een moeilijk doorbreekbare situatie. Hierin spelen organisch-fysiologische rijpingsprocessen duidelijk een rol. Fixaties in deze ontwikkeling of regressies naar deze autistische fase geven aanleiding tot ziektebeelden, welke omschreven kunnen worden als het primair autisme van Kanner. Mahler benadrukt de rol van moeders en vaders in deze fase sterk, maar noemt ook de emotionele kwetsbaarheid van de kinderen.

Hoewel er in de literatuur veel aandacht aan de pedagogisch onmachtige moeders is besteed, komen ook de vaders in beeld. In 1957 publiceert Eisenberg als reactie op de op dat moment heersende opvatting *cherchez la femme* een artikel waarin de vader 'als vergeten man' aan bod komt. Vaders, zo stelt hij, spelen geen mindere rol in de opvoeding dan moeders. Een nadere analyse van het gedrag van vaders van kinderen met autisme laat een significant aantal persoonlijkheidsproblemen zien die een normale vaderlijke rol ernstig belemmeren en een sterke invloed hebben op het gezinsleven. De vaders worden omschreven als obsessieve, 'detached' en humorloze individuen met een extreem gevoel voor perfectionisme. Dit betekent dat niet alleen de moederlijke incompetentie herzien moet worden, maar ook gekeken moet worden naar de mogelijke pathologie in het kind zelf (Eisenberg 1957).

Een jaar later geven Kanner en Lesser (1958) in een overzichtsartikel een drietal mogelijke verklaringen voor het ontstaan van autisme. (1) Het ouderlijke gedrag moet gezien worden als een reactie op de eigenaardigheden van het kind en is van geen etiologische betekenis. (2) De ouders, speciaal de moeder moet als fundamentele oorzaak van de stoornis beschouwd worden. (3) Het kind is begiftigd met een aangeboren onvermogen om menselijke relaties aan te gaan; dit wordt versterkt door afwijkende persoonlijkheidstrekken van de ouders en door de wijze waarop ze met hun kind omgaan. Het eerste standpunt kan als *nature* standpunt worden gezien, het tweede als *nurture* en het derde als multicausaal. Bettelheim blijkt een van de felste aanhangers van de nuregedachte te zijn. In 'Joey: a mechanical boy' (Bettelheim 1959) laat hij zien hoe hij Joey behandelt en van zijn stoornis, veroorzaakt door zijn directe omgeving, geneest.

In Europa verschijnen de eerste artikelen over Kanners autisme in 1952, in Nederland is het van de hand van Van Krevelen (1952), in Frankrijk van Stern (1952). Beiden doen dit aan de hand van een gevalsbeschrijving. Van Krevelen ziet de stoornis in eerste instantie als een vorm van oligofrenie (zwakzinnigheid, nu verstandelijke beperking genoemd) en brengt de ouder niet als schuldige in beeld. Stern ziet autisme als een opzichzelfstaand ziektebeeld. Ook hij ziet de moeder niet als veroorzaker, terwijl juist in Frankrijk de invloed van Despert en Bettelheim duidelijk merkbaar is en de komende jaren nog steeds van invloed blijkt te zijn (Hochmann 2009).

6.3 De jaren zestig: ouders en deskundigen op de barricade

De discussie tussen *nature* en *nurture* wordt in de jaren zestig met verve vervolgd. Een felle aanval op *blaming the parents* wordt met kracht door de psycholoog Rimland ingezet. Hij krijgt in 1956 een zoon met autisme. In zijn zoektocht naar een diagnose stuit hij op Kanners 'vroeg infantiel autisme'. In 1964 publiceert hij *Infantile Autism: The Syndrome and Its Implications for a Neural Theory of Behavior* (Rimland 1964). Kanner schrijft het voorwoord en maakt daarin duidelijk een ommekeer en stelt dat autisme een neurologische oorzaak heeft. Rimland was de eerste die openlijk de strijd met Bettelheim aanbond. Helaas weerhoudt het Bettelheim niet van zijn publicatie van *The empty fortress: Infantile autism and the birth of the self* (Bettelheim 1967), waarin uitspraken als *'Ik heb mijn hele leven lang gewerkt met kinderen wier leven verwoest was omdat hun moeders hen haatten'* en *'Autisme is een verdediging van het kind tegen de intrusieve moeder'* de strijd tussen *nature* en *nurture* in alle heftigheid doet oplaaien. Het gestoorde kind ziet zijn huis als een concentratiekamp en zijn ouders als SS-achtige figuren. Alleen konden de gevangenen zich volgens hem nog verweren omdat ze de kans hadden gehad een persoonlijkheid te ontwikkelen, waar mensen met autisme eerder machteloos waren in de confrontatie met hun levensomstandigheden. Bettelheim, die zelf tijdens de Tweede Wereldoorlog in Dachau had gezeten, sprak enigszins uit ervaring. Maar ook de vaders moesten het verduren als de 'altijd afwezigen'.

Kysar (1968), psychiater en vader van kind met autisme en mentale retardatie, maakte zich ernstige zorgen over de twee kampen binnen de kinderpsychiatrie en stelde dat het onvermogen om ideeën van beide kampen te synthetiseren zeer schadelijk is voor niet alleen het kind, maar ook voor de ouders, de scholen en instellingen die met deze kinderen moeten werken.

Bettelheims publicatie is immens populair. Maar de ouders laten het er niet bij zitten en richten in 1965 op initiatief van Rimland en Ruth Sullivan de Amerikaanse oudervereniging 'Autism Society of America' op. De naam is afkomstig uit de drie jaren tevoren opgerichte Engelse oudervereniging de 'National Autism Society', waarin Lorna Wing (een psychiater en moeder van een dochter met autisme) een vooraanstaande rol speelde. In 1969, richt Kanner zich op het eerste congres van de Amerikaanse oudervereniging tot de ouders met de woorden *'From the very first publication until the last, I spoke of this condition in no uncertain terms as "innate". But because I described some of the characteristics of the parents as persons, I was misquoted often as having said that "it is all the parents" fault'.'* Dit leek een soort witwassing van de voorgeschiedenis, want hij heeft in vele artikelen de schuld expliciet bij de ouders neergelegd.

Het zijn vanaf dat moment de ouders die samen met deskundigen de handen ineenslaan om van de ouderlijke blaam ontdaan te worden en te strijden voor gericht onderzoek en goede behandelmogelijkheden. Dit wil nog niet zeggen dat het nurture standpunt geheel van de baan was; met name in Zuid-Europa, (Frankrijk, Italië en Spanje) heeft Bettelheim veel aanhang gekregen.

In Nederland hebben Prick en Calon (1965) en Frye (1968) vanaf het prille begin zich aanhangers van de naturegedachte getoond, terwijl ook Kamp (1973) de stoornis aan de aanleg van het kind toeschreef, maar wel in combinatie met de ouder-kindrelatie en daarmee een multicausale benadering aanhing.

Tot aan de jaren zestig vroeg men zich nauwelijks af wat het effect van alle beschuldigingen op de ouders was. Creak en Ini (1960) geven als een van de eersten aan hoe weinig bekend is over het effect van het hebben van een autistisch kind op de familie in z'n geheel en over de wijze waarop ouders proberen om de interactie aan te gaan met hun *non-relating-child* en hoe zij het beste geholpen kunnen worden. Ook Goldfarb (1961) heeft zich deze vraag gesteld en het begrip *parental perplexity* geïntroduceerd. Hij stelt dat de ouders verbijsterd en perplex raken en niet meer spontaan met hun kind kunnen omgaan. Ze voelen zich onmachtig, gefrustreerd en onzeker, hetgeen tot een continuüm van afwijzing tot symbiotische relatie kan leiden.

6.4 Jaren zeventig en tachtig van scapegoat naar cotherapeut

De zeventiger jaren kenmerken zich door een duidelijke ommekeer. Ouders worden, op een enkele uitzondering na, niet meer gezien als scapegoats.

In de VS zijn Rimland en Schopler de belangrijkste strijders voor de rechten van de ouders. Autisme wordt niet veroorzaakt door de ouders. Ouders hebben we juist nodig om deze kinderen de juiste begeleiding en opvoeding te geven (Schopler 1971). In het door hem opgerichte TEACCH-programma (Treatment and Education of Autistic and related Communication handicapped Children) bepleit hij de inbreng van ouders in het behandelbeleid. Zijn programma krijgt ook in Europa grote bekendheid.

Inmiddels worden overal ter wereld ouderverenigingen opgericht. Zo ook in Nederland; in eerste instantie in 1974 de NSA (Noordelijke Stichting Autisme, met als voortrekker Nan Schnijders-Oomen) en de BBAKO (Stichting ter Behartiging van de Belangen van Autistische Kinderen en hun Ouders). Beide zijn in 1978 samengevoegd tot de NVA (Nederlandse Vereniging voor Autisme). Ook zij vechten voor een adequate behandeling voor ouders en kind. Dit mondt uit in verschillende hometrainingsprogramma's, later geboden door regionale autismeteams die in 1985 door de NVA en met gelden uit de 1 2 3 tv-actie gerealiseerd en bekostigd konden worden.

Het voorstel van Schopler en Reichler (1971) om ouders als cotherapeuten in te zetten is een haast vanzelfsprekende reactie op de voorheen geldende *blaming parents*-gedachte, en kan gezien worden als een soort eerherstel. Er schuilt echter ook een gevaar in. Een ouder is in de eerste plaats ouder, en het is de vraag of deze wel de professional van haar/zijn kind kan zijn. Praktijkervaring heeft geleerd dat er ouders zijn die die rol niet aankunnen. Een moeder: *'Ik moet altijd alles volgens de regels doen, dus altijd alles goed; ik kan nooit zeggen dat ik mijn kind vandaag wel even achter het behang zou willen plakken, hetgeen ik wel van mijn andere kinderen kan zeggen.'* Ook sommige ervaringen met strikte Applied Behavior Analysis programma's, geven aan dat er vaak te veel van ouders wordt gevraagd; ze worden in een professionele rol geschoven die niet strookt met hun ouderlijke gevoelens. Ze willen ook genieten met en van hun kind en niet altijd de trainer of therapeut zijn. Langzaam zien we de ouder van cotherapeut naar ervaringsdeskundige verschuiven. Een goede wending. Ouder en professional slaan de handen ineen en werken ieder vanuit hun eigen deskundigheid.

Dankzij wetenschappelijke onderzoeken (Rutter en Schopler 1978, DeMeyer 1979; verandert de visie op de ouders. Vooral de publicatie van Cantwell et al. (1978), waarin wordt aangetoond dat ouders van kinderen met autisme zich niet onderscheiden van ouders van zich normaal ontwikkelende kinderen, is van doorslaggevende betekenis. De focus wordt gericht op ouders die een belangrijke rol in de opvoeding van hun kind met autisme kunnen spelen. Autisme kan worden gezien als een opvoedingsprobleem (Berckelaer-Onnes 1979). Ouders hebben ondersteuning nodig in het opvoedingsproces van hun kind.

In 1980 wordt autisme officieel als een opzichzelfstaande entiteit en als neurologische ontwikkelingsstoornis in de DSM III (APA 1980) opgenomen. Harde markers zijn (nog) niet voor handen, maar het geeft lucht en meer ruimte voor een veel sterkere gerichtheid op diagnostiek en behandeling. De behoefte aan evidence-based behandelen neemt toe. Men wil behandeleffecten kunnen aantonen en de rol die ouders daarin kunnen spelen. Deze behoefte wordt nog eens versterkt als het echtpaar Tinbergen-Rutten vanuit een ethologische invalshoek (1983) autisme plots weer toeschrijft aan een tekort aan ouderlijke sensitiviteit. Ofschoon het echtpaar zich al eerder had uitgelaten over autisme, krijgt de publicatie uit 1983 veel aandacht. Tinbergen is een Nederlands-Britse bioloog die baanbrekend onderzoek deed naar de oorzaken van dierengedrag, onder meer bij meeuwen en stekelbaarzen, waarvoor hij in 1973 de Nobelprijs ontving. Tinbergen en zijn vrouw zijn ervan overtuigd dat de chronische problemen die autistische kinderen hebben bij het aangaan van relaties, het gevolg zijn van ongevoelig ouderschap of van een trauma dat de primaire hechting van het kind met de moeder heeft verstoord. Ze zien het ontwijken van sociale contacten, het ongemak wanneer ze worden aangekeken en andere stereotiepe gedragingen van autistische kinderen als extreme, pathologische uitingen van de manier waarop alle kinderen reageren als hun inwendige motivaties met elkaar botsen. Het meest schrijnende was de titel van hun boek: *Autistic Children New Hope for a Cure*, dat bij veel ouders heeft geleid tot de door Tinbergen aanbevolen behandeling 'Holding Therapie' die ooit door Welch werd gelanceerd en vooral door Prekop onder de aandacht en in praktijk werd gebracht. De methode is als een appendix aan het boek van Tinbergen en zijn vrouw (1983) toegevoegd. De Holding Therapie is erop gericht om het vluchtgedrag af te breken en toenadering te bevorderen. De ouder houdt het kind – desnoods gedwongen – in een stevige omhelzing tegen zich aangedrukt en spreekt alle gevoelens tegenover het kind uit. Het bewijs voor deze therapie is erg zwak en de therapie heeft, vanwege het dwingende karakter, veel tegenstanders. Daarnaast zijn er veel berichten over het feit dat de therapie schade kan aanrichten aan mensen met ASS of andere aandoeningen (Schellingerhout et al. 2010).

De officiële erkenning van autisme die de ouders hebben verworven geeft hen kracht; zij gaan een steeds sterkere rol in het behandelbeleid spelen. Dit wordt in de komende jaren op grotere schaal doorgezet.

6.5 Ouders van nu

Vanaf de jaren negentig zien we een veel breder onderzoeksgebied waarin niet alleen de zoektocht naar harde markers voor autisme wordt doorgezet maar ook naar de behandeling, waarin de rol van ouders steeds krachtiger wordt. Er wordt niet meer zozeer gekeken naar persoonlijkheidskenmerken van ouders maar naar het proces dat ouders ondergaan als ze een kind met autisme hebben (Gill en Harris 1991, Gray en Holden 1992). Ouders hebben hulp nodig, maar wat zijn hun ondersteuningsbehoeften nu precies en wanneer hebben ze wat nodig?

Op grond van een dossieranalyse gericht op de wijze waarop ouders het onderkennings- en opvoedingsproces doorlopen, zijn Van Berckelaer-Onnes en Hansen (2004) tot een globale indeling van vier fasen gekomen met daaraan gekoppelde ondersteuningsadviezen:
1. van ouderlijke intuïtie naar diagnose;
2. van diagnose naar acceptatie;
3. van acceptatie naar toekomstperspectief;
4. van zelf opvoeden/verzorgen naar (met een gerust hart) uit handen geven.

De eerste fase wordt vooral gekenmerkt door onzekerheid, door vragen over de ontwikkeling en het gedrag van het kind. Ouders moeten in deze fase ervaren dat er goed naar hun zorg wordt geluisterd. De professional speelt daarin een essentiële rol. Het is belangrijk dat deze zich tijdens het traject van signaleren en doorverwijzen naar verdere diagnostiek afstemt op het tempo waarin ouders dit proces doorlopen. Het gaat hierbij nog niet om een naam, het gaat om het gezamenlijk (h)erkennen van signalen die indiceren dat de ontwikkeling zich niet normaal voltrekt.

Ongerustheid beïnvloedt de wijze van omgaan met hun kind. Vaak verkeren ouders in stressvolle situaties bij een kind met (mogelijk) een ASS, omdat regulatie van gedrag en emoties moeizaam verlopen (Blacher en McIntyre 2006). Deze stress kan bij ouders psychische problemen veroorzaken en het gezinsleven ontwrichten (Rogers en Dawson 2010). Een vroegtijdige onderkenning van de gedragsproblemen en doorverwijzing voor verdere diagnostiek kan deze negatieve neveneffecten beperken. Ouders moeten zich echter niet opgejaagd voelen. Soms kan een te snel proces, anderzijds ook een te traag proces, de ouders tot 'shoppen' brengen.

Timing is van cruciaal belang, ook in fase 2 als de stap van diagnose naar acceptatie gezet moet worden. Als de diagnose ASS is gesteld, roept dit bij ouders vaak verschillende emoties op, zoals schaamte of eventuele schuldgevoelens. De professional moet hier ruimte voor bieden en het samen met de ouders een plaats geven. Hij dient zich in de beginfase te realiseren dat de ouders eigenlijk twee processen doorlopen. Zij willen onmiddellijk aan de slag om hun kind de optimale zorg en hulp te bieden, maar gaan tegelijkertijd door een moeilijk acceptatieproces heen. Het kind is 'anders'. De ouders moeten afstand doen van het kind dat ze verwacht hadden te krijgen. Het is een soort rouwproces afgewisseld door gevoelens van ontkenning. In deze fase is een begrijpende professional van wezenlijk belang. De derde fase is er vooral een van beslissingen nemen en handelen met het oog op de toekomst. Welke behandeling heeft het kind nodig, welke vorm van onderwijs moet het kind volgen. Bij ouders van een kind bij wie op latere leeftijd een ASS wordt vermoed, is het van nog groter belang om gelijk in te zetten op goede opvang en begeleiding. Met name rondom acceptatie en verwerking, maar ook om zaken die eerder misliepen te verbeteren. De laatste fase geeft aan hoe groot de impact van het hebben van een kind met autisme op ouders is. Autisme is levenslang, voor ouders en kind. Dat betekent dat loslaten nauwelijks mogelijk is. Wie zorgt voor ons kind als wij er niet meer zijn? En deze vraag betreft alle kinderen met autisme, onafhankelijk van het intellectuele niveau: een persoon met autisme blijft zorg nodig hebben. Ouders weten dat beter dan wie dan ook. De documentaire *Het beste voor Kees* van Monique Nolte (2014) geeft dat maar al te duidelijk aan. Juist op zulke momenten is ondersteuning en overleg tussen ouders en professionals onontbeerlijk.

Met steeds meer klem wordt aangedrongen op vroegtijdige onderkenning, ondersteund door onderzoek dat vroege interventies van essentieel belang zijn (Dawson en Osterling 1997; Dawson et al. 2010, Green et al. 2010). Niet dat autisme daarmee te genezen is, maar wel dat de symptomen in ernst verminderen als men er vroegtijdig aan kan werken. Dit resulteert in verschillende zoektochten naar vroege onderkenning. Met nadruk wordt aangegeven dat het niet zozeer om hele vroege classificaties gaat, maar om de onderkenning van signalen die een ingang bieden om ouders en kind te ondersteunen in het opvoedingsproces en de stress in de dagelijkse praktijk te verminderen. Ook in Nederland is de lijn naar vroege interventie ingezet (Dietz 2007, Servatius-Oosterling 2010), uitmondend in verschillende programma's, waaronder het Dianeproject in Gelderland. In dit project worden consultatiebureauartsen getraind op vroege signalen van autisme. Ze trainen vervolgens ouders om op een andere wijze basale vaardigheden te stimuleren om zodoende hun kind bouwstenen aan te reiken voor de latere wederkerige sociale communicatie. In een pilot is gebleken dat zo'n training veel impact heeft op de communicatieve vaardigheden van kinderen met een autistische stoornis, zonder dat de stoornis zelf overigens verdwijnt of geneest. Fein en anderen (2013) hebben echter recentelijk aangegeven dat bij een miniem aantal cliënten de diagnose autisme op volwassen leeftijd niet meer wordt gesteld. Autism Speaks (een Amerikaanse organisatie die de rechten van cliënten met ASS behartigt) heeft hier echter vraagtekens bij geplaatst. Voldoen zij niet meer aan de '*full diagnosis*', maar lijden ze nog wel aan sociale en communicatiebeperkingen of zijn ze bevrijd van alle ASS-symptomen en functioneren ze sociaal gezien binnen de normale range? Autism Speaks wil meer gedetailleerde informatie (▶www.autismespeaks.org).

De toegenomen kennis op het gebied van autisme, waaronder de genetische invloed heeft geleid tot een bredere blik. Kinderen met autisme kunnen vaak ouders hebben met dezelfde symptomen. Daarom moet bij de diagnose en de behandeling van ASS naar het hele gezin worden gekeken, stelt Vinke-van Steijn (2013). De hoge genetische predispositie (60–70 %) is echter niet de enige factor die tot autisme kan leiden. Er moeten triggers zijn om de stoornis tot uiting te kunnen brengen. Die triggers hebben niets met de ouders te maken, maar betreffen mogelijkerwijs de neurotransmitters. Autisme is een multifactoriële stoornis.

De invloed van de ouders mag niet worden onderschat. Verschillende ouders hebben hun ervaringen op papier gezet, voor velen als een soort catharsis, maar ook als een hart onder de riem voor lotgenoten; ze voorzien daarnaast professionals van adequate en bruikbare handvatten. Het zijn vooral moeders die de pen ter hand nemen, met veelzeggende titels zoals *IJskastmoeder* (Van Bockel 2009), *Verstrikt in autisme* (Goedewij 2011). Een bijzondere bijdrage komt uit de hoek van een moeder die niet alleen een kind met autisme heeft, maar ook zelf autisme heeft (Landman 2009). Een fascinerend boek dat aangeeft hoe moeilijk het ouderschap met autisme is te combineren, maar dat het uiteindelijk met gerichte hulp lukt. Ouders weten inmiddels hoe belangrijk hun inbreng is, hetgeen ook wetenschappelijk is aangetoond. Een recent longitudinaal onderzoek van Mailick en collega's (Smith et al. 2014) geeft aan dat de rol van ouders een positief effect heeft op de ontwikkeling van kinderen met autisme. Zij volgden gedurende veertien jaar (1998-2015) mensen met autisme met tien verschillende meetmomenten en keken onder andere naar de invloed van ouders op de ontwikkeling van hun kind. Ouderkenmerken die een positief effect op het gedrag van adolescenten en volwassenen met ASS hebben, betreffen vooral een warme en positieve attitude naar hun kind met ASS, terwijl veel kritiek op het doen en laten van hun kind tot ernstige gedragsproblemen kan leiden.

De strijd voor erkenning om als liefdevolle en competente ouder te worden gezien is in het voordeel van de ouders beslecht, hoewel we in 2012 werden geconfronteerd met een rechtszaak in Frankrijk waarbij de door Sophie Robert gemaakte film *Le Mur, la psychanalyse à l'épreuve de l'autisme* werd aangevochten door drie psychoanalytici en vervolgens niet meer getoond mocht worden omdat het genezing met behulp van een psychoanalytische behandeling uitsloot. Na een verwoede juridische strijd heeft Robert gewonnen en mocht de film vanaf januari 2014 weer worden vertoond.

6.6 Een terugblik met enkele implicaties voor de praktijk

Kanners artikelen hebben veel teweeggebracht. Hij was de eerste hoogleraar kinderpsychiatrie ter wereld, een relatief nieuw vakgebied dat aanvankelijk slechts in wetenschappelijke kringen aandacht kreeg. Dit kan ook mede verklaren waarom zijn eerste cliënten voornamelijk uit intellectuele gezinnen kwamen. Zijn invloed was erg groot, maar niet zo sterk als die van Bettelheim. Maar het heeft ouders en professionals samengebracht in een verwoede strijd om ouders van de blaam te zuiveren. Nog altijd zijn de autisme-ouderverenigingen sterk en toonaangevend, ook politiek gezien. Zij hebben vooral de aandacht op de noodzaak van klinische hulp gevestigd en gestreden voor vroege interventies. De recente JGZ Richtlijn Autismespectrumstoornissen (2015) heeft ertoe geleid dat in het Van Wiechenonderzoek, gebruikt op alle consultatiebureaus in Nederland, de autisme-alarmsignalen van Dietz (2007) zijn verwerkt. Daarnaast zijn de vroege interventies zo veel mogelijk verplaatst naar de natuurlijke situatie, het leven van alle dag om ouders van optimale ondersteuning te voorzien.

Kortom vroege interventies zijn essentieel om signalen te herkennen die tot gerichte ondersteuning kunnen leiden, teneinde de mogelijke signalen te minimaliseren. Timing speelt daarbij een cruciale rol. Pas het tempo aan bij de gevoelens van ouders. Ga niet te snel, ouders hebben tijd nodig. Het onderkennings- en verwerkingsproces moet samen worden doorlopen. Kies daarna op eclectische wijze de te volgen behandeling, passend bij dit gezin, bij deze ouders, bij dit kind. Hoewel geen enkele methode als beste wordt omschreven, hebben de programma's die de ouders in de behandeling betrekken, de beste resultaten. Dus: *The hand that rocks the cradle is the hand that rules the world.*

Literatuur

American Psychiatric Association (APA). (1980). *Diagnostic and statistical manual of mental disorders (DSM III)*. Washington: American Psychiatric Association.
Asperger, H. (1944). Die 'Autistschen Psychopathen' im Kindesalter. *Archiv für Psychiatrie und Nervenkrankheiten, 117,* 76–136.
Berckelaer-Onnes, I. A. van. (1979). *Vroegkinderlijke autisme; een opvoedingsprobleem.* Lisse: Swets & Zeitlinger.
Berckelaer-Onnes, I. A. van, & Hansen, M. A. T. (2004). Een leven lang ouderen. In P. A. F. de Nijs et al. (red.), *Ontwikkelingen langs de levenslijnen.* Apeldoorn: Garant (pag. 53–61).
Bettelheim, B. (1959). Joey: A mechanical boy. *Scientific American, 3,* 116–127. ▶doi:10.1038/scientificamerican0359-116.
Bettelheim, B. (1967). *The empty fortress: Infantile autism and the birth of the self.* New York: Free Press.
Blacher, J., & McIntyre, L. (2006). Syndrome specificity and behavioural disorders in young adults with intellectual disability: Cultural differences in family impact. *Journal of Intellectual Disability Research, 50*(3), 184–198. ▶doi:10.1111/j.1365-2788.2005.00768.x, 16430730.
Bleuler, E. (1911). Dementia Praecox oder Gruppe der Schizophrenien. In T. Spezieller (red.), *Handbuch der Psychiatrie.* Leipzig: Deuticke (abt 1).
Bockel, J. van. (2009). *IJskastmoeder.* Tielt: Lannoo.
Cantwell, D. P., Baker, L., & Rutter, M. (1978). Family factors. In M. Rutter, & E. Schopler (red.), *Autism a reappraisal of concepts and treatment.* New York: Plenum Press (pag. 269–297).
Chorus, A. M. J., & Zuster Gaudia, Jaarverslagen Paedologisch Instituut Nijmegen, 1937–1938,1939–1940.
Creack, M., & Ini, S. (1960). Families of psychotic children. *Journal Child Psychology and Psychiatry, 1,* 156–175. ▶doi:10.1111/j.1469-7610.1960.tb01990.x.
Dawson, G., & Osterling, J. (1997). Early intervention in autism: Effectiveness and common elements of current approaches. In M. J. Guralnick (red.), *The effectiveness of early intervention.* Baltimore: Paul H. Brookes, pag. 307–326.
Dawson, G., Rogers, S., Munson, J., Smith, M., Winter, J., Greenson, J., Donaldson, A., & Varley, J. (2010). Randomized, controlled trial of an intervention for toddlers with autism: The early start denver model. *Pediatrics, 125*(1), 17–23. ▶doi:10.1542/peds.2009-0958, ▶http://pediatrics.aappublications.org/content/125/1/e17.short-aff-4.
Despert, J. L. (1951). Some considerations relating to the genesis of autistic behavior in children. *American Journal of Orthopsychiatry, 21*(2), 335–350. ▶doi:10.1111/j.1939-0025.1951.tb06108.x, 14829557.
Dietz, C. (2007). *The early screening of autistic spectrum disorders.* Enschede: Gildeprint.
Eisenberg, L. (1957). The fathers of autistic children. *American Journal of Orthopsychiatry, 27*(4), 715–724. ▶doi:10.1111/j.1939-0025.1957.tb05539.x, 13470021.
Fein, D., Barton, M., & Eigst, I., et al. (2013). Optimal outcome in individuals with a history of autism. *Journal of Child psychology and Psychiatry, 54*(2), 195–205. ▶doi:10.1111/jcpp.12037, 3547539, 23320807.

Frith, U. (1991). *Asperger and his syndrome*. Cambridge: Cambridge University Press. ►doi:10.1017/CBO9780511526770.001.

Frye, I. (1968). *Fremde unter uns. Autisten, ihre Erziehung, ihr Lebenslauf*. Meppel: Boom.

Gill, M. J., & Harris, S. (1991). Hardiness and social support as predictors of psychological discomfort in mothers with children with autism. *Journal of Autism and Developmental Disorders, 21*(4), 407–416. ►doi:10.1007/BF02206867, 1778957.

Goedewij, L. (2011). *Verstrikt in autisme*. Utrecht: Uitgeverij de Graaff.

Goldfarb, W. (1961). *Childhood Schizophrenia*. Cambridge: Harvard University Press.

Gray, D. E., & Holden, W. J. (1992) Psycho-social well-being among the parents of children with autism. *Australia and New Zealand Journal of Developmental Disabilities, 18*(2), 83–93.

Green, J., Charman, T., McConachi, H., Aldred, C., Couteur, A. le, Hudry, K., et al. (2010). Parent-mediated communication-focused treatment in children with autism (PACT)a randomised controlled trial. *Lancet, 375*(9732), 2152–2160.

Hochmann, J. (2009). *Histoire de l'Autisme*. Paris: Ed Odile Jacob.

Kamp, L. N. J. (1973). Autisme bij kinderen. *Nederlands Tijdschrift van geneeskunde, 117*(51), 1938–1944.

Kanner, L. (1943). Autistic disturbances of affective contacts. *Nervous Child, 2,* 217–250.

Kanner, L. (1944). Early infantile autism. *Journal of Pediatrics, 25,* 211–217. ►doi:10.1016/S0022-3476(44)80156-1.

Kanner, L. (1949). Problems of nosology and psychodynamics in early infantile autism. *American Journal of Orthopsychiatry, 19,* 416–126. ►doi:10.1111/j.1939-0025.1949.tb05441.x, 18146742.

Kanner, L., & Lesser, L. J. (1958). Early infantile autism. *Pediatric Clinics of North America, 5*(3), 711–730. 13566909.

Krevelen, D. A. van. (1952). Een geval van early infantile autism. *Nederlands Tijdschrift voor Geneeskunde, 96,* 2002–2005.

Kysar, J. (1968). The two camps in childpsychiatry: Report from a Psychiatrist-Father of an autistic and retarded child. *The American Journal of Psychiatry, 125*(1), 103–109. ►doi:10.1176/ajp.125.1.103, 5657362.

Landman, S. (2009). *Moederen met autisme*. Elst: Schrijverij mooi mens.

Mahler, M. (1952). On child psychosis and schizophrenia: Autistic and symbiotic infantile psychosis. *Psychoanalytic Study of the Child, 10,* 286–305.

Meyer, M. K. de. (1979). *Parents and children in autism*. New York: Wiley.

Nederlands Centrum Jeugdgezondheid (2015). *JGZ-Richtlijn Autismespectrumstoornissen*. Utrecht: NCJ.

Prick, J. J. C., & Calon, P. J. A. (1965). Het syndroom van het kinderlijk autisme bezien vanuit de gezichtshoek der partiële defecten en der partiële hyperplasieën', In J. J. G. Prick et al. (red.), Nederlands Handboek der Psychiatrie. Deel III. De niet specifiek neurotische ontwikkelingsstoornissen. Arnhem: Van Loghum Slaterus, p. 153–175.

Ribble, M. (1951). Some considerations relative to the genesis of autistic behaviour in children. Discussion. *American Journal of Orthopsychiatry, 21,* 347–350.

Rimland, B. (1964). *Infantile autism: The syndrome and its implications for a neural theory of behavior*. New Jersey: Englewood Cliffs.

Rogers, S., & Dawson, G. (2010). *Early start denver model for young children with autism. Promoting language, learning and engagement*. New York: The Guilford Press.

Rutter, M., & Schopler, E. (1978). *Autism a reappraisal of concepts and treatment*. New York: Plenum Press.

Schellingerhout, R., Ramakers, C., Derwort, A., & Lavoir, A. van de. (2010). *Interventies voor kinderen met een autisme spectrum stoornis en/of een verstandelijke beperking*. Nijmegen: ITS, Radboud Universiteit.

Schopler, E. (1971). Parents of psychotic children as scapegoats. *Journal of Contemporary Psychotherapy, 4*(1), 17–22. ►doi:10.1007/BF02110269.

Schopler, E., & Reichler, R. (1971). Parents as cotherapists in the treatment of psychotic children. *Journal of Autism and Childhood Schizophrenia, 1,* 87–102. ►doi:10.1007/BF01537746, 5172443.

Servatius-Oosterling, I. J. (2010). *Aspects of early detection, diagnosis, and intervention*. Enschede: Ipskamp Drukkers.

Smith, L. E., Greenberg, J. S., & Mailick, M. R. (2014). The family context of Autism Spectrum Disorders: Influence on the behavioral phenotype and quality of life. *Child and Adolescent Psychiatric Clinic of North America, 23*(1), 143–155. ►doi:10.1016/j.chc.2013.08.006.

Stern, E. (1952). A propos d'un cas d'autisme chez un jeune enfant. *Archives Francais de Pediatrie, 9,* 157.

Tinbergen, N., & Tinbergen, E. A. (1983). *Autistic children new hope for a cure*. London: Allan and Unwin.

Vinke-van Steijn, D. (2013) *The influence of parental and offspring ASD and ADHD symptoms on family functioning*. Nijmegen: Radboud Universiteit.

Wing, L. (1981). Asperger's syndrome: A clinical account. *Psychological Medicine, 11,* 115–129. ►doi:10.1017/S0033291700053332, 7208735.

Neurobiologische factoren en antisociaal gedrag: Nurture, Nature, Narture

Arne Popma

Literatuur – 71

Prof. dr. Arne Popma is hoofd van de afdeling voor Kinder- en Jeugdpsychiatrie van het VUmc, kinder- en jeugdpsychiater bij de Bascule en hoogleraar Forensische Psychiatrie aan de Universiteit Leiden, afdeling criminologie.

© Bohn Stafleu van Loghum, onderdeel van Springer Media BV 2016
S. Begeer et al. (Red.), *Transformaties in de jeugdzorg*, DOI 10.1007/978-90-368-1495-9_7

Als ik tegenwoordig bij colleges vraag aan studenten, of het nu bij geneeskunde, criminologie of psychologie is: 'Wie kent de naam *Buikhuisen*?', dan blijft het meestal angstvallig stil. Vaak heb ik voorafgaande daaraan al gevraagd wie van de studenten denkt dat antisociaal gedrag bij kinderen vooral een kwestie van *nature* óf *nurture* is. Er gaan dan bij beide opties wat weifelende vingers de lucht in en er is altijd wel een student die enigszins verveeld, voor mijn gevoel namens de gehele groep, aangeeft dat het natuurlijk niet het één óf het ander is maar simpelweg een samenspel van beiden, *duhuh*. Kortom, voor de twintiger van nu is de heftige discussie over de rol van neurobiologische factoren bij het ontstaan van criminaliteit die in de jaren zeventig begon, maar óók het latere monomane geloof in de alles verklarende neurobiologie van de jaren negentig, al lang passé. Toch worden ook met hen de discussies spannend en urgent wanneer we vervolgens gaan praten over wat de implicaties zijn van het accepteren dat zowel omgeving áls biologische factoren in samenspel de ontwikkeling van antisociaal gedrag verklaren. Wat zijn dan de zaken waar we ons als onderzoekers, behandelaren en beleidsmakers op moeten richten? Nog interessanter wordt het als we bespreken of omgeving en biologie eigenlijk nog wel te onderscheiden zijn van elkaar; hebben we naast *nurture* en *nature* niet een derde woord nodig dat de daadwerkelijke samensmelting van die twee belichaamt: *narture*?

Mijn inschatting is dat de gemiddelde lezer van *Kind en Adolescent* prima weet wie meneer Buikhuisen was. De eerste hoogleraar in Nederland die eind jaren zeventig onderzoek deed naar biosociale factoren van crimineel gedrag werd dusdanig hard aangepakt door de linkse media dat hij na de zoveelste bommelding uiteindelijk werd weggestuurd door de universiteit Leiden. Het idee dat biologie, ook toen door Buikhuisen nooit los genoemd maar altijd binnen 'het biosociaal model', een rol zou kunnen spelen bij de ontwikkeling van antisociaal gedrag stond dusdanig haaks op het toen dominante theoretische model dat psychiatrische patiënten en delinquenten slachtoffer waren van een tekortschietende maatschappij, dat deze meneer meedogenloos in de hoek van het nazisme en fascisme werd gedrukt en uiteindelijk werd verbannen. Het idee om na te denken over biologie in relatie tot antisociale ontwikkeling kwam duidelijk nog wat vroeg...

Hoewel in de jaren tachtig en negentig het biosociaal onderzoek naar alles wat met antisociaal gedrag te maken had zo goed als stil lag, werd het biologisch model in de algemene psychiatrie dominant in deze periode. Er heerste een ongebreideld optimisme over de kennis die we zouden opdoen doordat het brein in beeld gebracht kon worden en het menselijk genoom kon worden ontsloten. Hoewel we uiteindelijk heel veel geleerd hebben over het brein en de genen, bleek dat al die biologische maten toch maar in een beperkte mate konden verklaren waarom iemand een psychiatrische stoornis ontwikkelde en bijvoorbeeld ook maar zeer ten dele konden voorspellen of een behandeling bij een specifiek individu zou werken of niet. Het bleef heel moeilijk om de groepsbevindingen van biologische studies te vertalen naar het individuele gesprek in de spreekkamer.

Deze biologische blik van de algemene psychiatrie werd pas tegen het einde van de jaren negentig ook weer voorzichtig gewend in de richting van antisociaal gedrag. In Nederland werd bijvoorbeeld in de kinder- en jeugdpsychiatrie, dus buiten het justitiële kader, onderzoek gedaan naar de stress-hormoonhuishouding van kinderen met een gedragsstoornis, welke verstoord bleek te zijn (Snoek et al. 2004). Dergelijk onderzoek werd ook opgezet in Amsterdam, waarbij jongens in de vroege adolescentie die met de politie in aanraking kwamen, zouden worden onderzocht. Het was de bedoeling dit onderzoek eind jaren negentig te laten starten, maar het duurde nog tot 2002 voor er daadwerkelijk kon worden begonnen omdat er toch weer weerstand kwam vanuit de politiek. Ook toen nog werd de *nature* versus *nurture* discussie weer van stal gehaald en werd het voorgestelde onderzoek als potentieel

Hoofdstuk 7 · Neurobiologische factoren en antisociaal gedrag: Nurture, Nature, Narture

gevaarlijk bestempeld. Er moest een Amsterdamse burgemeester met wetenschappelijke affiniteit aan te pas komen om het onderzoek te laten starten... Uiteindelijk werd ook toen gevonden dat bij jongens met politiecontacten en een gedragsstoornis de stresshormoonhuishouding ontregeld was (Popma et al. 2006).

Ironisch genoeg werd het biologisch onderzoek naar de ontwikkeling van antisociaal gedrag dus weer opgepakt op het moment dat het bredere onderzoeksveld al voorzichtig aan begon te zoeken naar een oplossing voor de niet-ingeloste beloftes van het neurobiologische onderzoek (Popma en Raine 2006). In hetzelfde jaar dat in Amsterdam de jonge boefjes werden onderzocht op hun stress-hormoonhuishouding, publiceerde het echtpaar Caspi en Moffit een inmiddels klassieke studie, bij een heel groot cohort Nieuw-Zeelanders, naar het MAOA gen, belangrijk voor de regulatie van neurotransmitters in het brein (Caspi et al. 2002). Van dit gen bestaan twee volstrekt normale variaties, die op zichzelf geen duidelijke relatie hebben met gedrag. Toen de onderzoekers echter ook in kaart brachten wat de mensen in hun cohort hadden meegemaakt in hun jeugd, kwamen ze tot een heel interessante ontdekking. Mensen met de 'actieve' variant van het MAOA gen die in hun vroege jeugd werden verwaarloosd of mishandeld, bleken een nauwelijks verhoogd risico op antisociaal gedrag in de volwassenheid te hebben. Maar bij mensen met de 'minder actieve' variant werd gevonden dat zij niet verschilden in gedrag van mensen met de 'actieve' variant als zij een plezierige jeugd hadden gehad, terwijl zij een exponentieel verhoogd risico op antisociaal gedrag hadden als zij verwaarloosd of misbruikt waren in hun jeugd. Oftewel, hier werd aangetoond dat het juist de combinátie van biologie en omgeving is die verklaard waarom sommige mensen een grotere kans hebben om antisociaal gedrag te ontwikkelen dan anderen.

Sinds deze publicatie zijn er vele studies verschenen die een variant van deze bevinding lieten zien: verschillende biologische factoren, van DNA- tot brein-parameters, blijken in combinatie met een bepaalde omgevingsfactor samen te hangen met psychische en gedragsproblemen. Ook werd in dit onderzoeksveld steeds duidelijker dat er allerlei verschillende vormen van samenspel tussen biologie en omgeving bestaan. Zo werden er vele aanwijzingen gevonden voor gen-omgevingscorrelatie: het fenomeen dat mensen met een bepaalde genetische make-up een specifieke omgeving opzoeken. Dit kan weer op verschillende manieren gebeuren. Ten eerste zullen ouders niet alleen hun genen aan hun kinderen doorgeven, maar ook de huiselijke omgeving waarin die kinderen opgroeien vormgeven. Zo loopt de invloed van genen en omgeving dus volledig door elkaar heen bij intergenerationele overdracht. Dit wordt wel *passieve* gen-omgevingscorrelatie genoemd. Ten tweede, kan er sprake zijn van *evocatieve* gen-omgevingscorrelatie. Dit staat voor het fenomeen dat bijvoorbeeld een kind dat in aanleg vrolijk en expressief is, veel meer positieve en stimulerende reacties uit zijn omgeving zal krijgen dan een wat somber en introvert kind. Ook hier is het na enige tijd zeer lastig te bepalen welk deel van het gedrag dat het kind vertoont nu door de vrolijke aanleg wordt verklaard en welk deel door de aangenaam stimulerende invloed van de omgeving. Ten derde wordt het fenomeen van actieve gen-omgevingscorrelatie beschreven. Hierbij zullen mensen die *sensation seeking* zijn een omgeving opzoeken vol prikkels, zich sneller in steeds weer nieuwe situaties begeven en meer mensen met dezelfde behoefte aan avontuur om zich heen verzamelen. Hierdoor creëren zij een volledig andere omgeving dan mensen die meer *harm avoidant* zijn en juist liever hun hele leven op dezelfde plek wonen en voor dezelfde baas werken. Ook in dit geval is het op den duur verdraaid lastig om de bijdrage van aanleg te onderscheiden van de invloed van de omgeving.

Bij de ontwikkeling van het inzicht in deze manieren van gen-omgevingssamenspel werd ook duidelijk dat dit samenspel niet alleen interessant is bij het bestuderen van risico's en negatieve uitkomsten maar evenzeer relevant is voor kansen en positieve uitkomsten. Een theorie die dit benoemde en hier ook niet onvermeld mag blijven is die van de 'differentiële gevoeligheid' (*differential susceptibility theory*). Deze theorie, die inmiddels ook meerdere malen door empirisch onderzoek is bevestigd, gaat ervan uit dat er vele variaties in het DNA zijn die niet intrinsiek goed danwel slecht zijn, maar die mensen in mindere of meerdere mate gevoelig maken voor hun omgeving (Belsky en Pluess 2009). De klassieke analogie die wordt gebruikt om deze theorie te illustreren is die van de paardenbloem en de orchidee. De paardenbloem is een ietwat saaie, weinig uitzonderlijke maar zeer stugge en stoïcijnse bloem, die eigenlijk in bijna alle weersomstandigheden en in allerlei verschillende grondsoorten groeit. De paardenbloem is dus weinig gevoelig voor zijn omgeving. De orchidee daarentegen is een hypergevoelige bloem die alleen onder zéér specifieke omstandigheden groeit en bloeit. Als de omgeving niet optimaal is zal de orchidee verpieteren, maar onder perfecte omstandigheden kan de orchidee tot oogverblindende schoonheid komen. Meerdere studies hebben intussen laten zien dat verschillende DNA-variaties mensen, en dieren, inderdaad ongevoeliger danwel gevoeliger maken voor hun omgeving. De belangrijke toevoeging is dat mensen die gevoeliger zijn voor hun omgeving niet alleen de negatieve gevolgen daarvan meer kunnen ondervinden (zoals de kinderen met de minder actieve MAO-variant die een grotere kans hadden op later antisociaal gedrag als zij ook mishandeld waren), maar juist ook het meest kunnen profiteren van een positieve omgeving (bijvoorbeeld van een warm opvoedingsklimaat, extra aandacht op school, extra gezonde voeding etcetera). Hoewel deze mensen wellicht onder negatieve omgevingsinvloeden een grotere kans hebben op psychische problemen, zouden zij wellicht ook het meest kunnen profiteren van behandeling (die dan kan worden gezien als een positieve omgevingsfactor). Omgekeerd kan het dus enerzijds voordelig zijn om wat ongevoeliger voor je omgeving te zijn als die negatief is, maar anderzijds nadelig als je, door grotere ongevoeligheid, minder kan profiteren van aanwezige positieve omgevingsfactoren. Ook binnen deze theorie is het na verloop van tijd lastig om aan te geven of gedrag dat iemand in de jeugd ontwikkelt nu vooral door *nature* of *nurture* wordt verklaard; die twee lopen dusdanig door elkaar heen, zijn zo met elkaar in samenspel dat er eigenlijk sprake is van een versmelting van deze twee, vandaar mijn voorstel om te spreken van *narture*.

Natuurlijk is het een beetje wild om zo'n nieuw woord te introduceren maar het zou een manier kunnen zijn om een nieuwe stap te zetten in de discussie over de invloed van aanleg en omgeving. Als we minder vervallen in de oude tweedeling zal het mijns inziens makkelijker worden om gedrag van mensen te verklaren en ook uit te leggen aan cliënten en het grotere publiek. Het kan wellicht helpen om onszelf als behandelaar steeds weer te dwingen het samenspel van aanleg en omgeving daadwerkelijk te gebruiken in de behandelkamer. De cliënt die vast zit wegens meerdere geweldsdelicten zou mijns inziens beter af zijn met een genuanceerde analyse van zijn voorgeschiedenis waarin bijvoorbeeld wordt uitgelegd hoe hij als temperamentvol kind, opgroeiend in een gezin waar te weinig emotionele ondersteuning en structuur wordt geboden, zich al vroeg omringde met andere temperamentvolle kinderen. Hoe de cliënt ook buiten het gezin veel negatieve reacties kreeg op zijn drukke gedrag en zich ontwikkelde tot een jongeman die gedrag van mensen in zijn omgeving snel als vijandig interpreteert en zijn agressieve impulsen maar matig kan onderdrukken. Dat klinkt misschien niet heel vernieuwend, maar de vraag is hoeveel therapeuten ook bespreken dat de emoties en het gedrag van de cliënt op dít moment voortkomen uit een zeer complex en in de tijd voortdurend samenspel van aanleg en omgeving, waarbij die twee eigenlijk niet meer van elkaar te onderscheiden zijn. Vervolgens kan worden onderzocht welke veelheid van factoren kan worden aangepakt in de behandeling om tot verandering te komen. Uiteraard kan dan op verschillende specifieke factoren worden ingegrepen (verminderen vijandige attributie, onderdrukken impulsen met gedragstherapie en/of medicatie, het vinden van een stage of werkplek met voldoende afwisseling maar ook voldoende positieve bekrachtiging van anderen et cetera). Ook kan het helpend zijn om te onderzoeken welke eigenschappen van de cliënt wellicht onvoldoende positief hebben uitgepakt in de omgeving waarin de cliënt is opgegroeid, maar van pas zouden komen in de veilige setting van de behandeling en wellicht ook daarna, bijvoorbeeld in een nieuwe relatie of werkomgeving.

Hoewel ik ervan overtuigd ben dat een dergelijk denkkader helpend kan zijn in zowel de klinische setting als in het maatschappelijk debat, zijn er natuurlijk nog wel enige losse eindjes. Het is nog steeds notoir lastig om meer specifieke kennis over het samenspel van biologie en omgeving in relatie tot antisociaal gedrag, en menselijk gedrag in het algemeen, toe te passen in de behandelkamer en bij het maken van beleid op het ministerie. De tijd is volgens mij rijp om het complexe samenspel tussen *nature* en *nurture* te omarmen (of we dat nu *narture* gaan noemen of niet) en ook te gebruiken in de theorievorming en psycho-educatie aan onze cliënten. Maar daarnaast zal daadwerkelijk geïntegreerd biosociaal onderzoek moeten worden voortgezet en zullen we nieuwe innovatieve behandelstudies moeten opzetten om de behandelresultaten bij juist de ernstigere groepen cliënten met antisociaal gedrag te verbeteren. Hierbij kunnen juist ook binnen het *narture* perspectief heel voor de hand liggende interventies in de omgeving belangrijk blijven of zelfs belangrijker worden gemaakt. Zonder de pretentie volledig te zijn, zet ik een paar pijlers voor de onderzoeks-, behandel-, en beleidsagenda voor de komende jaren op een rijtje waar ik mijn geld op in zou zetten.

Ten eerste zal grootschalig longitudinaal onderzoek nodig zijn waarbij op vele momenten tijdens de ontwikkeling biologische, psychologische en omgevingsfactoren worden gemeten om zo het samenspel in de tijd tussen die factoren beter te gaan begrijpen. Een aandachtspunt hierbij is om ervoor te zorgen dat voldoende hoog-risico kinderen betrokken worden in de grote lopende bevolkingsstudies. Een veelvoorkomend probleem is dat juist de kinderen en gezinnen met de meest complexe problematiek niet worden gerekruteerd danwel uitvallen uit longitudinale studies. Hierdoor zijn de aantallen kinderen die binnen deze studies ernstig antisociaal gedrag ontwikkelen beperkt en blijft de kennis over juist deze ontwikkeling achter bij de kennis over stoornissen die minder botsen met het participeren in onderzoek.

Ten tweede zullen net zoals bij ander complex gedrag ook in het genetisch onderzoek naar antisociaal gedrag steeds meer data van verschillende cohorten moeten worden samengevoegd om binnen hele grote samples op zoek te gaan naar combinaties van genen die samen de kans op antisociaal gedrag vergroten en zo te komen tot zogenaamde *polygenetische risicoscores*. Dit vergt een enorme hoeveelheid wereldwijde samenwerkingsinspanning, maar heeft bijvoorbeeld bij het onderzoek naar schizofrenie al geleid tot samples van meer dan 100.000 personen met schizofrenie, waarbinnen veelbelovende verbanden tussen een veelheid aan genen en het risico op schizofrenie werden gevonden, die alleen konden worden opgespoord door de gegevens van al die proefpersonen in één databestand samen te voegen.

Ten derde zal op het gebied van DNA-onderzoek meer dan ooit het begrip *narture* van toepassing zijn, daar de mogelijkheden om de invloed van de omgeving (bijvoorbeeld stress) op de 'verpakking' en daarmee 'kwaliteit' en 'activiteit' van het DNA in rap tempo toenemen; de zogenaamde *epigenetica*. Deze tak van sport onderzoekt dus niet zozeer het DNA waarmee mensen worden geboren maar juist allerlei eigenschappen daarvan die door omgevingsinvloeden worden bepaald. Zo is steeds duidelijker geworden dat stress in de vroege kindertijd de methylering van DNA verslechtert. Dit soort effecten kunnen grote invloed hebben op hoe het DNA wordt afgelezen en daarmee uiteindelijk ook weer op het gedrag van mensen. Als het lukt om voldoende kinderen met ernstige gedragsproblemen te laten deelnemen aan longitudinale biopsychosociale studies, zullen we meer kennis opdoen over het effect van bijvoorbeeld verwaarlozing en mishandeling bij kinderen en kunnen we wellicht ook beter gaan snappen waarom het ene kind hier angstig en teruggetrokken van wordt en het andere kind juist agressief en boos. Door dergelijke mechanismen beter te doorgronden zullen we steeds beter in staat zijn om preventie en interventie af te stemmen op de specifieke kwetsbaarheden van kinderen, die dus afhangen van zowel diens biologie áls omgeving.

Ten vierde hoeven we niet te wachten met het benutten van kennis over biologische risicofactoren in behandeling, maar kunnen we nu al, weliswaar in onderzoeksverband, starten met het inbedden van biologische parameters in de behandeling van bijvoorbeeld agressie. Nieuwe technieken maken het steeds makkelijker om data over bijvoorbeeld iemands hartslag, een mooie *somatische marker* van interne spanning, zichtbaar te maken voor cliënt en behandelaar. Zo wordt momenteel onderzocht of het cliënten met agressieregulatieproblemen helpt om spanning bij zichzelf op te merken door het doorgeven van informatie over hun hartslag. Wellicht kunnen ze dan afleiding zoeken, in plaats van zich in een situatie te begeven waarin ze gevoeliger zijn op *triggers* uit de omgeving en agressief worden. Alleen informatie over iemands hartslag zal nooit de volledige oplossing zijn om agressie te voorkomen; het helpt hooguit om iemand sensitiever te laten worden voor de eigen kwetsbaarheid. Tijdelijk een andere omgeving opzoeken (jezelf een time-out geven) totdat onder andere de hartslag weer rustig is, vergroot de kans op een positievere biologie-omgevingsinteractie. Juist in de behandeling van antisociaal gedrag, zoals in de forensische psychiatrie, zouden dit soort hulpmiddelen wel eens van extra waarde kunnen zijn, omdat deze cliënten soms weinig behandelmotivatie hebben, vaak wantrouwig of ontkennend zijn als hun behandelaar hen bijvoorbeeld wijst op het feit dat ze er 'gespannen bij lopen' en het vaak moeilijk vinden om inzicht te ontwikkelen in hun eigen emoties. Wellicht dat juist een neutrale 'app' die iets als een hoge hartslag aangeeft, dan meer effect heeft.

Ten vijfde, zullen er steeds mooiere manieren beschikbaar komen om te oefenen met zowel eigen emoties als prikkels uit de omgeving door middel van *virtual reality*. Al dan niet in combinatie met hartslagmeters of EEG, zullen cliënten bijvoorbeeld empathie kunnen trainen door in deze virtuele werkelijkheid met emoties van anderen om te gaan, vijandige cogities als anderen hen aankijken afleren, boosheid verminderen en andere oplossingsstrategieën aanleren als anderen hen provoceren, positiever contact initiëren in voor hen negatief lijkende situaties et cetera. De mogelijkheden zijn volgens mij oneindig. Ook hier zou weer kunnen gelden dat een dergelijke aanpak juist voor cliënten in de forensische psychiatrie extra waardevol is, omdat ze op deze manier wellicht meer eigen regie ervaren in hun behandeling en minder vaak of intensief met een behandelaar persoonlijk contact hoeven te hebben tijdens de behandeling. Uiteraard zal ook bij het inzetten van dit soort interventies uiteindelijk weer behandeling en generalisatie in de 'echte wereld' noodzakelijk zijn, maar juist in een eerste fase kan de virtuele wereld veel gaan opleveren.

Wat betekent dit voor de behandelpraktijk? De huidige en toekomstige inzichten in het biopsychosociale samenspel zullen steeds weer duidelijk maken dat beleidsmakers zich moeten blijven inzetten op klassiekers als het verminderen van vroegkinderlijke stress, het bieden van kansen aan kinderen (zoals gezonde voeding, onderwijs, sport) en het vroegtijdig helpen van ouders met opvoedingsproblemen. De nieuwe kennis zal hopelijk helpen om de huidige aanpak specifieker, effectiever en meer proportioneel te maken. Het zou goed kunnen dat we over tien jaar beter weten bij welke kinderen we ons écht druk moeten maken over hun ontwikkeling en welke specifieke aanpak we dan moeten kiezen gezien hun biopsychosociale kenmerken, en welke kinderen op een dusdanige manier in samenspel zijn met hun omgeving dat ze waarschijnlijk beter af zijn zonder onze bemoeienis. Ben benieuwd of het woord *narture* tegen die tijd is ingeburgerd, toch niet de Dikke Van Dale heeft gehaald, of allang weer als hopeloos ouderwets idee is achterhaald.

Literatuur

Belsky, J., & Pluess, M. (2009). Beyond diathesis stress: differential susceptibility to environmental influences. *Psychological Bulletin, 135,* 885–908.

Caspi, A., McClay, J., Moffitt, T. E., Mill, J., Martin, J., Craig, I. W., et al. (2002). Role of genotype in the cycle of violence in maltreated children. *Science, 297,* 851–854. ▶doi:10.1126/science.1072290, 12161658.

Popma, A., Jansen, L. M., Vermeiren, R., Steiner, H., Raine, A., Goozen, S. H. van, et al. (2006). Hypothalamus pituitary adrenal axis and autonomic activity during stress in delinquent male adolescents and controls. *Psychoneuroendocrinology, 31,* 948–957.

Popma, A., & Raine, A. (2006). Will future forensic assessment be neurobiologic? *Child Adolescent Psychiatric Clinics of North America, 15,* 429–444, ix.

Snoek, H., Goozen, S. H. van, Matthys, W., Buitelaar, J. K., & Engeland, H. van (2004). Stress responsivity in children with externalizing behavior disorders. *Development and Psychopathology, 16,* 389–406.

De dwangstoornis bij kinderen en jongeren, verklaringsmodellen en behandeling: een overzicht van nieuwe ontwikkelingen

Else de Haan, Lidewij H. Wolters en Elske Salemink

8.1 Inleiding – 75
8.1.1 Wat is het essentiële probleem bij een dwangstoornis? – 75

8.2 Theoretische modellen – 76
8.2.1 Cognitieve model – 76
8.2.2 Herhalen is het probleem – 77

8.3 Behandeling – 77
8.3.1 Effectiviteit – 77
8.3.2 Grote verschillen in ernst – 79
8.3.3 Responders en non-responders – 79
8.3.4 Non-respons, een nuancering – 79
8.3.5 Verklaringen voor non-respons: onderzoek naar predictoren – 80
8.3.6 Ouders en gezin – 80

Prof. dr. Else de Haan, bijzonder hoogleraar (em) cognitieve gedragstherapie bij kinderen en jongeren. Expertise Centrum Dwang Angst en Tics, Academisch Centrum voor Kinder- en Jeugdpsychiatrie, De Bascule, Amsterdam.
Dr. Lidewij H. Wolters, gz-psycholoog i.o., postdoc onderzoeker, Expertise Centrum Dwang Angst en Tics, Academisch Centrum voor Kinder- en Jeugdpsychiatrie, De Bascule, Amsterdam. Academisch Medisch Centrum, afdeling Kinder- en Jeugdpsychiatrie, Amsterdam. Norwegian University of Science and Technology, Faculty of Medicine, Trondheim.
Dr. Elske Salemink, cognitief gedragstherapeut, onderzoeker, Expertise Centrum Dwang Angst en Tics, Academisch Centrum voor Kinder- en Jeugdpsychiatrie, De Bascule, Amsterdam; Addiction, Development and Psychopathology lab (Adapt Lab), Afdeling Ontwikkelingspsychologie, Universiteit van Amsterdam.

© Bohn Stafleu van Loghum, onderdeel van Springer Media BV 2016
S. Begeer et al. (Red.), *Transformaties in de jeugdzorg*, DOI 10.1007/978-90-368-1495-9_8

8.4	**Nieuwe vormen van behandeling – 81**
8.4.1	Cognitive bias modification training (CBM) – 81
8.4.2	Kortdurende intensieve CGT – 82

8.5 Conclusie – 82

Literatuur – 82

8.1 Inleiding

Een kind dat zijn handen 30 keren per dag wast omdat het anders misschien ziek wordt, een jongen die niets kan ondernemen zonder een goede gedachte of een meisje dat de hele dag geruststelling vraagt… zij hebben allen een dwangstoornis ofwel obsessieve compulsieve stoornis (OCS). We kennen symptomen van een dwangstoornis (zie APA 2013, p. 237), maar vreemd genoeg, weten we niet wat een dwangstoornis is. Wat is het probleem van een dwangstoornis? Is het vooral bovenmatige angst? Is het een inhibitieprobleem, kunnen impulsen die iedereen wel eens heeft, niet worden tegengehouden? Is het een fout in de hersenen of heeft dwang vooral te maken met problemen in executieve functies (zoals planning, geheugen, concentratie, inhibitie)? Het is niet alleen interessant om te weten wat de essentie van de dwangstoornis is, het is ook belangrijk voor de behandeling. Hoewel de behandeling van de dwangstoornis vrij effectief is, heeft toch nog zo'n 30 tot 50 % van de kinderen er niet of niet voldoende baat bij. Als we weten wat het essentiële probleem van de dwangstoornis is, zou dat meer mogelijkheden kunnen geven voor het verbeteren van de behandeling.

In dit artikel willen we deze twee belangrijke aspecten van de dwangstoornis bespreken: onderzoek naar en opvattingen over de vraag wat een dwangstoornis is, en onderzoek naar behandeling, naar non-respons en naar nieuwe ontwikkelingen in de behandeling.

8.1.1 Wat is het essentiële probleem bij een dwangstoornis?

De komst van de DSM-5 brengt een belangrijke verandering voor de obsessieve compulsieve stoornis (OCS) met zich mee. De OCS wordt niet langer geclassificeerd onder de angststoornissen, maar krijgt, samen met andere stoornissen een apart hoofdstuk: de *Obsessieve-compulsieve en verwante stoornissen*. In het Engels: de *Obsessive Compulsive en Related Disorders (OCRD)*. In dit hoofdstuk worden ook genoemd: de Morfodysfore stoornis (Body Dismorphic disorder), Verzamelstoornis (Hoarding disorder), Haaruittrekstoornis (Trichotillomania), Huidpulkstoornis (Excoriation disorder), en de Obsessieve-compulsieve of verwante stoornis door een middel, of door een somatische aandoening (de substance/medication induced obsessive-compulsive and related disorder, de Obsessive compulsive and related disorder due to another medical condition) en een restcategorie van stoornissen die niet helemaal aan de criteria voldoen (APA 2013). Het uitgangspunt is dat al deze stoornissen op een continuüm liggen, met aan de ene kant compulsiviteit, gekenmerkt door angstreductie en het vermijden van rampen. Hier wordt de dwangstoornis geplaatst. Aan de andere kant van het continuüm zit de impulsiviteit met pleasure seeking en gratification behavior. Aan deze kant zit bijvoorbeeld de Trichotillomania (Hollander en Zohar, 2004). Het gemeenschappelijk kenmerk van al deze stoornissen is herhaling: herhaald gedrag en steeds terugkerende gedachten (Hollander et al. 2009). Angst wordt dus niet meer als het belangrijkste kenmerk van OCS gezien. Er zijn patiënten bij wie angst geen rol speelt. Zij voeren hun rituelen uit omdat ze het gevoel hebben dat 'het moet', het zogeheten 'Not Just Right'-gevoel (Leckman et al. 1994) Bij de meesten speelt angst echter wel een rol. In de DSM-5 wordt dit ook erkend. Daarom is dit nieuwe hoofdstuk *achter* het hoofdstuk over de angststoornissen geplaatst, aldus APA (2013, p. 235). (De vraag komt dan op wat de volgorde van de andere hoofdstukken betekent, maar dat terzijde).

Nu is het feit dat herhaling (repetitiveness) bij alle stoornissen van de OCRD's voorkomt niet voldoende argument om deze stoornissen onder één noemer te brengen. Er moeten overeenkomsten zijn op het gebied van fenomenologie, leeftijd waarop problemen beginnen, comorbiditeit, familiaire en genetische factoren, betrokken hersencircuits en behandelrespons (Hollander et al. 2009). Het onderzoek is echter nog lang niet zover dat al deze factoren volledig in kaart zijn gebracht voor alle stoornissen van de OCRD's. Voor de voorstanders van de indeling is dat een reden om de researchagenda van de komende jaren te vullen met onderzoek naar juist deze kwesties. De tegenstanders vinden de vooralsnog onduidelijke onderzoeksgegevens (over betrokken hersengebieden en genetische factoren) of de strijdige onderzoeksgegevens (er blijken juist verschillen in comorbiditeit, en in familiaire belasting tussen de stoornissen binnen het spectrum) een argument om die indeling af te wijzen (Storch et al. 2008a). Bovendien, is hun argument, heeft het herhaald gedrag (de dwangrituelen) bij de dwangstoornis een andere functie dan bij de andere stoornissen van het spectrum. Ook wordt de rol van cognities bij de dwangstoornis veronachtzaamd, vinden zij. Die discussie is, ook nu de beslissing over de plek van de dwangstoornis in de DSM al is genomen, nog lang niet afgelopen.

De belangrijkste en interessantste kritiek op de nieuwe indeling in de DSM-5 gaat echter over het feit dat er hier een atheoretisch standpunt wordt ingenomen. Er ontbreekt een meer fundamenteel model over wat de dwangstoornis is. Het bij elkaar horen van de stoornissen van de OCRD's wordt aangetoond door te zoeken naar gelijkheid van factoren, zoals comorbiditeit, de mate van erfelijkheid en de reactie op behandeling. Deze factoren horen echter niet bij de kern van het probleem. Zouden we niet moeten zoeken naar de kern van het probleem? Zouden we in plaats van de door Hollander en anderen gevulde researchagenda niet een researchagenda moeten hebben waarin een theoretisch model van de dwangstoornis getoetst wordt?

8.2 Theoretische modellen

8.2.1 Cognitieve model

Nu bestaan er wel theoretische modellen over de dwangstoornis. Het meest invloedrijke is het cognitieve model, waarin niet de dwanghandelingen, maar de obsessies centraal staan. Obsessies ontstaan in dit model als verkeerde interpretaties van normaal voorkomende intrusies. Die verkeerde interpretaties en de daaruit volgende obsessies vormen het kernprobleem van de dwangstoornis. Dwanghandelingen worden dan opgevat als een poging om de angst ontstaan door de obsessies op te lossen (zie Salkovskis 1985). De cognitieve therapie van de dwangstoornis, waarin het veranderen van die obsessies en interpretaties het speerpunt is, is gebaseerd op deze theorie.

Uit onderzoek naar deze cognitieve theorie blijkt steeds weer dat er een relatie is tussen verkeerde interpretaties en daaruit voortkomende obsessies en een dwangstoornis. Mensen die dwanghandelingen uitvoeren, hebben in een groot aantal gevallen ook obsessies. Zij zien overal gevaar in, of zij zijn bang dat er een ramp gebeurt omdat zij niet voldoende gecontroleerd hebben. De richting van dit verband tussen dwanghandelingen en interpretaties en obsessies is echter nog nooit aangetoond. Met andere woorden: of dwanghandelingen *veroorzaakt* worden door obsessies is niet duidelijk. De relatie zou ook wel eens andersom kunnen liggen: de obsessies zijn het gevolg van de dwanghandeling. Zij zijn voor de betrokkene de verklaring voor zijn of haar onbegrijpelijke handelingen (vgl. Gillan en Sahakian 2015). Maar ook of dat juist is weten we niet.

Als de cognitieve theorie juist is, zou dat ook moeten blijken uit de daarop gebaseerde behandeling. Deze behandeling zou effectiever moeten zijn dan de oorspronkelijke

De mate waarin ouders toegeven aan de dwang is een voorspeller voor het therapieresultaat. Nu hangt dit toegeven samen met de ernst van de klachten, maar ook onafhankelijk daarvan blijft het een slechter therapieresultaat voorspellen.

Ook positieve factoren als cohesie (de mate waarin familieleden elkaar steunen), empowerment (ouders stimuleren het kind zich te verzetten tegen de dwang), en negatieve factoren als schuld (ouders vinden dat het kind het expres doet) of meer algemeen slecht gezinsfunctioneren, zijn alle in positieve of negatieve zin predictoren voor het effect van de behandeling (Peris et al. 2012; Storch et al. 2007a; Garcia et al. 2010).

Piacentini en collega's ontwikkelden programma's specifiek erop gericht om ouders meer bij de behandeling te betrekken. Bij iedere afspraak wordt na de individuele sessie met het kind een sessie van een half uur voor ouders gehouden, met informatie over OCS, bespreken van verkeerde ideeën over OCS, bespreken van gevoelens van schuld en schaamte, bevorderen van therapietrouw, helpen bij het niet toegeven aan de dwangrituelen, bevorderen van leeftijdsadequate gezinsinteracties en terugvalpreventie (Peris en Piacentini 2013). In onderzoek naar het effect van dit soort interventies werd een relatie gevonden tussen afname van toegeven van ouders en afname van de dwangklachten (Merlo et al. 2009). In dat onderzoek is de richting van het verband echter niet duidelijk.

8.4 Nieuwe vormen van behandeling

8.4.1 Cognitive bias modification training (CBM)

Cognitive bias modification (CBM) is gebaseerd op de in vele onderzoeken aangetoonde relatie tussen cognities en interpretaties, en angst- en dwangstoornissen. In de CBM-behandeling wordt gepoogd dysfunctionele cognities en interpretaties te veranderen. Dit gebeurt echter op een andere manier dan met de gebruikelijke cognitieve therapie. In een CBM-behandeling voor de dwangstoornis wordt de patiënt als het ware getraind in niet-dwangmatig denken. CBM is een computertraining waarbij in zeer korte drieregelige verhaaltjes een voor iemand met een dwangstoornis herkenbare situatie wordt geschetst. Bijvoorbeeld: *Je vader moet onverwachts lang overwerken en is nog niet thuis als jij naar bed moet. Je kan hem geen welterusten zeggen en denkt dat dat ongeluk brengt.* Er volgt dan een zinnetje met een niet-dwangmatig vervolg. *Je gaat toch maar slapen. Een gedachte is geen voorspeller.* Om van aandacht verzekerd te zijn, is bij dat zinnetje in een woord een aantal letters weggelaten. Er staat niet *voorspeller*, maar *voors.eller*. Die letter moet aangevuld worden. Dan volgt er een begripsvraag: *Kun je de gedachte dat er iets met je vader zal gebeuren gewoon voorbij laten gaan?* Het goede antwoord is dan *ja*. Ten slotte de conclusie: *Deze nare gedachte kun je gewoon voorbij laten gaan.*

In iedere trainingssessie volgt nog een groot aantal van dergelijke verhaaltjes met in te vullen woorden. Er wordt een aantal malen per week getraind. Op deze manier, is de veronderstelling, worden de obsessies en interpretaties op een impliciete manier beïnvloed, waarmee de dwangproblemen ten slotte zullen afnemen. Uit onderzoek naar het effect bij angst blijkt dat dat ook zo is (zie voor een overzicht Salemink et al. 2015). Er is echter nog maar weinig onderzoek gedaan bij klinische groepen en nog minder bij kinderen met een dwangstoornis. Uit de eerste (pilot)studie blijkt dat jongeren (12-18 jaar) na de training minder OC-symptomen hebben vergeleken met een controlegroep die een placebotraining had gekregen (Salemink et al. 2015). Dezelfde auteurs doen nu een groot onderzoek naar het effect van het toevoegen van CBM als pretherapie bij de gebruikelijke behandeling.

8.4.2 Kortdurende intensieve CGT

Bij kortdurende intensieve therapie wordt afgeweken van het gebruikelijke stramien van één keer per week een therapiesessie. De sessies worden dagelijks gehouden over een veel kortere periode, meestal drie weken. Uit onderzoek bij volwassenen blijkt deze vorm van therapie net zo effectief als de gebruikelijke behandeling met wekelijkse zittingen (vgl. Storch et al. 2008b). Een gecontroleerde studie bij 40 kinderen (7–17 jaar) leverde vergelijkbare resultaten op (Storch et al. 2007b). De kinderen kregen drie weken lang iedere werkdag anderhalf uur therapie, volgens het gebruikelijke protocol, met daarna dagelijks thuis oefenen. Ten minste één van de ouders was aanwezig bij iedere zitting. De therapie werd gegeven door een team van drie therapeuten, waaronder een ervaren therapeut en twee die minder ervaren waren of nog in opleiding. Whiteside en Brown (2010) gaven een nog kortere therapie: vijf dagen, met twee keer per dag een therapiesessie tussen 50 en 75 minuten lang. In het therapieprogramma werd naast de gebruikelijke interventies, extra aandacht gegeven aan het zelf of samen met de ouder(s) uitvoeren van exposure-oefeningen. Het effect van deze zeer korte therapie was bij nameting iets minder, maar bij follow-up vergelijkbaar met de gebruikelijke behandeling van één keer per week.

De kortdurende intensieve therapie zou met name geschikt zijn voor kinderen bij wie de dwang grote negatieve invloed heeft op het dagelijks leven (niet meer naar school gaan bijvoorbeeld) en bij wie het uitvoeren van de huiswerkopdrachten een probleem is.

8.5 Conclusie

Wat het essentiële probleem van de dwangstoornis is, is vooralsnog niet duidelijk. Het onderzoek naar het effect van herhalen biedt perspectieven. Of dit een verklaring kan zijn voor alle dwangstoornissen is echter niet bekend. Verder onderzoek hiernaar is van belang omdat dit aanwijzingen kan opleveren voor het verbeteren van de behandeling. Cognitieve gedragstherapie, met name exposure en responspreventie, is de behandeling van eerste keus bij kinderen en jongeren met een dwangstoornis, ook bij ernstige klachten. Behandelcentra zonder speciale expertise in de behandeling van de dwangstoornis zouden moeten overwegen patiënten met deze stoornissen door te verwijzen. Cognitive Bias Modification en intensieve therapie zijn nog verder te onderzoeken, maar veelbelovende mogelijkheden voor uitbreiding van de behandeling.

Literatuur

Aacap, American Academy of Child and Adolescent Psychiatry Committee on Quality Issues (2012). Practice parameter for the assessment and treatment of children and adolescents with obsessive compulsive disorder. *Journal of the American Academy of Child and Adolescent Psychiatry, 51*, 98–113. ▶ doi:10.1016/j.jaac.2011.09.019.

Abramowitz, J. S., Whiteside, S. P., & Deacon, B. J. (2005). The effectiveness of treatment for pediatric obsessive-compulsive disorder: A meta-analysis. *Behaviour Therapy, 36*, 55–63. ▶ doi:10.1016/S0005-7894(05)80054-1.

APA (2013). *Diagnostic and statistical manual of mental disorders.* Fifth Edition. American Psychiatric Association.

Coles, M. E., Radomsky, A. S., & Horng, B. (2006). Exploring the boundaries of memory distrust from repeated checking: Increasing external validity and examining thresholds. *Behaviour Research and Therapy, 44*, 995–1006. ▶ doi:10.1016/j.brat.2005.08.001, 16174515.

Cook, E. H., Wagner, K. D., Marsch, J. S., Biederman, J., Landau, P., Wolkow, R., & Messig, M. (2001). Long-term sertraline treatment of children and adolescents with obsessive-compulsive disorder. *Journal of the American*

Academy of Child and Adolescent Psychiatry, 40, 1175–1181. ►doi:10.1097/00004583-200110000-00011, 11589530.
Cougle, J. R., & Lee, H. J. (2014). Pathological and non-pathological features of obsessive-compulsive disorder: Revisiting basic assumptions of cognitive models Journal of Obsessive-Compulsive and Related Disorders, 3, 12–20. ►doi:10.1016/j.jocrd.2013.11.002.
Flessner, C. A., Freeman, J. B., Sapyta, J., Garcia, A., Franklin, M. E., March, J. S., et al. (2011). Predictors of Parental Accommodation in Pediatric Obsessive-Compulsive Disorder: Findings from the Pediatric Obsessive-Compulsive Disorder Treatment Study (POTS) Trial. Journal of the American Academy of Child and Adolescent Psychiatry, 50(7), 716–725.
Franklin, M. E., Sapyta, J., Freeman, J. B., Khanna, M., Compton, S., Almirall, D., et al. (2011). Cognitive Behavior Therapy Augmentationof Pharmacotherapy in Pediatric Obsessive-Compulsive Disorder. The Pediatric OCD Treatment Study II (POTS II). Randomized Controlled Trial. JAMA, 306, 1224–1232. ►doi:10.1001/jama.2011.1344, 3495326,21934055.
Freeman, J., Garcia, A., Frank, H., Benito, K., Conelea, C., Walther, M., et al. (2014). Evidence base update for psychosocial treatments for pediatric obsessive-compulsive disorder. Journal of Clinical Child & Adolescent Psychology, 43(1), 7–26. ►doi:10.1080/15374416.2013.804386.
Freeman, J. B., Choate-Summers, M. L., Garcia, A. M., Moore, P. S., Sapyta, J. J., Khanna, M. S., et al. (2009). The Pediatric Obsessive-Compulsive Disorder Treatment Study II: rationale, design and methods. Child and Adolescent Psychiatry and Mental Health, 3, 1–15. ►doi:10.1186/1753-2000-3-4.
Garcia, A. M., Sapyta, J. J., Moore, Ph. S., Freeman, J. B., Franklin, M. E., March, J. S., et al. (2010). Predictors and moderators of treatment outcome in the Pediatric Obsessive Compulsive Treatment Study (POTS I). Journal of the American Academy of Child and Adolescent Psychiatry, 49, 1024–1033. ►doi:10.1016/j.jaac.2010.06.013, 2943932, 20855047.
Geller, D. A., Biederman, J., Steward, S. E., Mullin, B., Martin, A., Spencer, T., et al. (2003). Which SSRI? A meta-analysis of pharmacotherapy trials in pediatric obsessieve-compulsive disorder. The American Journal of Psychiatry, 160, 1919–1928. ►doi:10.1176/appi.ajp.160.11.1919, 14594734.
Gillan, C. M., & Sahakian, B. J. (2015). Which is the driver, the obsessions or the compulsions, in OCD? Neuropsychopharmacology Reviews, 40, 247–248. ►doi:10.1038/npp.2014.201, 25482176.
Hollander E, & Zohar J. (2004). Beyond refractory obsessions and anxiety states: toward remission. Journal of Clinical Psychiatry, 4, 3–5.
Hollander, E., Kim, S., Braun, A., Simeon, D., & Zohar, J. (2009). Cross-cutting issues and future directions for the OCD spectrum. Psychiatry Research, 170, 3–6. ►doi:10.1016/j.psychres.2008.07.015, 19811839.
Hout, M. van den, & Kindt, M. (2003). Waarom herhaald controleren twijfel aan het geheugen niet wegneemt. Directieve Therapie, 25, 74–81.
Lau, J. Y. (2013). Cognitive bias modification of interpretations: A viable treatment for child and adolescent anxiety?. Behaviour Research and Therapy, 51, 614–622. ►doi:10.1016/j.brat.2013.07.001, 23916630.
Leckman, J. F., Walker, D. E., Goodman, W. K., Pauls, D. L., & Cohen, D. J. (1994). 'Just right' perceptions associated with compulsive behavior in Tourette's syndrom. American Journal of Psychiatry, 151, 675–680. ►doi:10.1176/ajp.151.5.675, 8166308.
Menne-Lothmann, C., Viechtbauer, W., Höhn, P., Kasanova, Z., Haller, S. P., Drukker, M., et al. (2014). How to boost positive interpretations? A meta-analysis of the effectiveness of cognitive bias modification for interpretation. PloS One, 9(6), e100925. ►doi:10.1371/journal.pone.0100925, 4072710, 24968234.
Merlo, L. J., Lehmkuhl, H. D., Geffken, G. R., & Storch, E. A. (2009). Decreased family accommodation associated with improved therapy outcome in pediatric obsessive-compulsive disorder. Journal of Consulting and Clinical Psychology, 77, 355–360. ►doi:10.1037/a0012652, 2886196, 19309195.
Pediatric OCD Treatment Study Team [POTS (2004). Cognitive-behavior therapy, sertraline, and their combination with children and adolescents with obsessive-compulsive disorder: the Pediatric OCD Treatment Study (POTS) randomized controlled trial. JAMA, 292, 1969–1976.
Peris, T. S. & Piacentini, J. (2013). Optimizing treatment for complex cases of childhood obsessive compulsive A preliminary trial. Journal of Clinical Child and Adolescent Psychology, 42, 1–8. ►doi:10.1080/15374416.2012.6 73162, 3447122, 22548378.
Peris, T. S., Sugar, C. A., Bergman, R. L., Chang, S., Langley, A., & Piacentini, J. (2012). Family factors predict treatment outcome for pediatric obsessive compulsive disorder. Journal of Consulting and Clinical Psychology, 80, 255–263. ►doi:10.1037/a0027084, 3378322, 22309471.
Radomsky, A. S., Dugas, M. J., Alcolado, G. M., & Lavoie, S. L. (2014). When more is less: Doubt, repetition, memory, metamemory, and compulsive checking in OCD. Behaviour Research and Therapy, 59, 30–39. ►doi:10.1016/j.brat.2014.05.008, 24952303.

Salemink, E., Wolters, L. & Haan, E de (2015). Augmentation of treatment as usual with online cognitive bias modification of interpretationtraining in adolescents with obsessive compulsive disorder. A pilotstudy. *Journal of Behavior Therapy and Experimental Psychiatry*. ▶doi:10.1016/j.jbtep.2015.02.003.

Sánchez-Meca, J., Rosa-Alcázar, A. I., Iniesta-Sepúlveda, M., & Rosa-Alcázar, A. (2014). Differential efficacy of cognitive-behavioral therapy and pharmacological treatments for pediatric obsessive–compulsive disorder: A meta-analysis. *Journal of Anxiety Disorders, 28,* 31–44. ▶doi:10.1016/j.janxdis.2013.10.007, 24334214.

Salkoviskis, P. M. (1985). Obsessional-compulsive problems. A cognitive-behavioral analysis. *Behaviour Research and Therapy, 23,* 347–372.

Skarphedinsson, G., Weidle, B., Thomsen, P. H., Dahl, K., Torp, N. C., Nissen, J. B., et al. (2014). Continued cognitive-behavior therapy versus sertraline for children and adolescents with obsessive–compulsive disorder that were non-responders to cognitive-behavior therapy:a randomized controlled trial. *European Child and Adolescent Psychiatry*, PMID: 25239489

Storch, E. A., Geffken, G. R., Merlo, L. J., Jacob, M. L., Murphy, T. K., Goodman, W. K., et al. (2007a). Family accommodation in Pediatric Obsessive – Compulsive Disorder, *Journal of Clinical Child & Adolescent Psychology, 37,* 207–216. ▶doi:10.1080/15374410701277929.

Storch, E. A., Geffken, G. R., Merlo, L. J., Mann, G., Duke, D., Munson, M., et al. (2007b). Family-based cognitive-behavioral therapy for pediatric obsessive–compulsive disorder: Comparison of intensive and weekly approaches. *Journal of the American Academy of Child and Adolescent Psychiatry, 46,* 469–478. ▶doi:10.1097/chi.0b013e31803062e7, 17420681.

Storch, E. A., Abramowitz, J., & Goodman, W. K (2008a). Where does obsessive-compulsive disorder belong in DSM-V? *Depression and Anxiety, 25,* 336–347. ▶doi:10.1002/da.20488, 18412060.

Storch, E. A., Merlo, L. J., Lehmkuhl, H., Geffken, G. R., Jacob, M., Ricketts, E., et al. (2008b). Cognitive-behavioral therapy for obsessive–compulsive disorder: A non-randomized comparison of intensive and weekly approaches. *Journal of Anxiety Disorders, 22,* 1146–1158. ▶doi:10.1016/j.janxdis.2007.12.001, 18242950.

Storch, E. A., Bussing, R., Small, B. J., Geffken, G. R., McNamara, J. P., Rahman, O., et al. (2013). Randomized, Placebo-Controlled Trial of Cognitive-Behavioral Therapy Alone or Combined with Sertraline in the Treatment of Pediatric Obsessive-Compulsive Disorder. *Behaviour Research and Therapy, 51,* 823–829. ▶doi:10.1016/j.brat.2013.09.007, 3908957, 24184429.

Toffolo, M. B. J., Hout, M. A. van den, Hooge, I. T. C., Engelhard, I. M. & Cath, D. C. (2013). Mild uncertainty promotes checking behavior in Subclinical Obsessive-Compulsive Disorder. *Clinical Psychological Science, 1,* 103–109.

Watson, H. J. & Rees, C. S. (2008). Meta-analysis of randomized, controlled treatment trials for pediatric obsessive-compulsive disorder. *Journal of Child Psychology and Psychiatry,* 49(5), 489–498. ▶doi:10.1111/j.1469-7610.2007.01875.x, 18400058.

Whiteside, S. P., & Brown Jacobsen, A. (2010). An uncontrolled examination of a 5-day intensive treatment for Pediatric OCD. *Behavior Therapy 41,* 414–422. ▶doi:10.1016/j.beth.2009.11.003, 20569789.

Wolters, L.H. (2013). Towards improving treatment for childhood OCD: analyzing mediating mechanisms & non-response. Academisch proefschrift.

Wolters, L.H., Haan, E. de, Hogendoorn, S.M., Boer, F., & Prins, P.J.M. (in voorbereiding). Severe pediatric OCD and co-morbid autistic symptoms: Effectiveness of cognitive behavioral monotherapy.

Wu, M. S., Lewin, A. B., Murphy, T. M., Geffken, G. R., & Storch, E. A. (2014) Phenomenological considerations of family accommodation: Related clinical characteristics and family factors in pediatric obsessive–compulsive disorder. *Journal of Obsessive Compulsive and Related disorders, 3,* 228–235. ▶doi:10.1016/j.jocrd.2014.05.003.

Wat doen we met de kinder- en jeugdpsychiatrie?

Harrie M.P. van Leeuwen

9.1 Het instituut in de verzorgingsstaat – 86

9.2 De introductie van marktwerking – 87

9.3 Anno 2015 – 88

Literatuur – 89

Harrie M.P. van Leeuwen, MHA, is kinder- en jeugdpsychiater n.p., bestuursadviseur en werkzaam bij bureau PEERS.

© Bohn Stafleu van Loghum, onderdeel van Springer Media BV 2016
S. Begeer et al. (Red.), *Transformaties in de jeugdzorg*, DOI 10.1007/978-90-368-1495-9_9

De kinder- en jeugdpsychiatrie, het vakgebied en de wijze waarop het is georganiseerd, heeft de afgelopen dertig jaar een enorme ontwikkeling doorgemaakt. Zodanig dat we duidelijke ontwikkelingsstadia kunnen waarnemen met daarbij horende transformaties van het ene naar het andere stadium. Op het ogenblik verkeren we in de transformatie naar de hybride organisatievorm. Het spannende tijdens een transformatie is altijd wat er gebeurt met de identiteit. Voor vlinders is dat een groot vraagstuk. Een tijdje geleden kropen ze nog en nu vliegen ze.

In de ontwikkeling van de organisaties voor kinder- en jeugdpsychiatrie kunnen we de fase van het instituut, de fase van de onderneming en nu de transformatie naar een hybride organisatie onderscheiden. Zie figuur.

instituut
verzorgingsstaat
– van patiënt naar cliënt
– van psycho-analytisch referentiekader naar ontwikkelingspsychopathologie
– veel diagnostiek en weinig behandeling
– one size fits all kindertherapie en ouderbegeleiding
– inputfinanciering dmv gegarandeerd budget

onderneming
marktwerking
– van cliënt naar consument
– introductie stoornisgerichte behandelingen
– empowerment, versterking positie cliënt
– kosteneffectiviteit
– evidence-based interventies, protocollen en richtlijnen
– outputfinanciering
– introductie bedrijfsrisico

hybride onderneming
participatie-maatschappij
– van consument naar burger
– focus op participatie en eigen kracht (ontzorgen)
– demedicaliseren, focus op herstel
– netwerk interventies, eigen kracht versterken
– terugdringen specialistische zorg (afschalen)
– personalized en populatiegerichte zorg
– outcomefinanciering: cliënt en maatschappelijk (populatiebekostiging)

9.1 Het instituut in de verzorgingsstaat

Dertig jaar geleden werd kinder- en jeugdpsychiatrie beoefend in instituten; het RMPI, het Paedologisch Instituut, het Psychoanalytisch Instituut et cetera. Een instituut ontleende zijn bestaansgrond en legitimatie aan zijn maatschappelijke opdracht: bijvoorbeeld het onderzoeken, behandelen en verzorgen van kinderen met een psychische stoornis. De bedrijfsvoering was er vooral op gericht dat de kas aan het einde van het jaar klopte. Instituten waren sterk professionele organisaties. Het management en de bedrijfsvoering vonden in een afgelegen hoek van de organisatie plaats. De professionals bepaalden de koers en in de kinder- en jeugdpsychiatrie was de psychoanalyse het dominante paradigma. Er bestond een vrij dogmatische, paternalistische professionele cultuur met een sterke professionele hiërarchie. Bij voorkeur stond er een hoogleraar aan het hoofd. Daarbij was empirische onderbouwing ondergeschikt aan de autoriteit van degene die een bepaalde behandelvisie verkondigde. Het behandelarsenaal bestond in de jaren zeventig, begin jaren tachtig (ongeacht de diagnose) voornamelijk uit psychodynamische therapie voor de jongere en ouderbegeleiding voor ouders. Nadat er eerst natuurlijk uitvoerig was gediagnosticeerd. Therapieën waren niet gedifferentieerd naar het type stoornis dat moest worden behandeld en kinder- en jeugdpsychiaters verwoordden hun bestaanslegitimatie vooral door te stellen dat ze goed konden 'kijken' naar wat er aan de hand was. Het betrof meestal een klinische blik. Soms beschikte men over expliciete tools vanuit de psychoanalytische (ontwikkelingslijnen) of leertheoretische hoek, aangevuld met een beetje kinderneurologie. Overigens was in deze tijd de professionele kwalificatie van psychotherapeut het hoogste waarnaar ieder, ongeacht de discipline, streefde. Kenmerkend voor het beeld is het artikel dat Sanders-Woudstra en anderen (1982) publiceerden in het *Tijdschrift voor Psychiatrie*, waarin ze reageren op een aantal in hun ogen ongunstige ontwikkelingen. Ze stellen dat kinderpsychiatrie een monodisciplinair vak is, dat weliswaar wordt gevoed door verschillende takken van wetenschap, maar wordt uitgevoerd door een kinder- en jeugdpsychiater. Ondersteund door hulpdisciplines als orthopedagogen, psychologen, maatschappelijk werkers et cetera. De identiteit van de kinder- en jeugdpsychiater werd als volgt gedefinieerd: 'Kinderpsychiaters zijn niet in de eerste plaats psycho- en/of pharmacotherapeut, maar biopsychosociaal diagnosticus'.

Het vakgebied maakte inhoudelijk een snelle ontwikkeling door. De ontwikkelingspsychopathologie deed zijn intrede: de etiologie van stoornissen werd empirisch wetenschappelijk onderzocht en de pathogenese werd niet langer gezien als lineair oorzakelijk. Met de ontwikkelingspsychopathologie als nieuw paradigma wordt uitgegaan van specifieke kindkenmerken (biologisch, psychologisch) die kwetsbaar maken voor een bepaalde vorm van psychopathologie. Ook zijn er kindkenmerken die beschermend werken, (sociale) omgevingsstressoren (bijvoorbeeld gezinsinteracties, geweld, deprivatie) die problematiek in de hand werken of onderhouden en beschermende omgevingsfactoren die de problematiek kunnen verlichten. Maar het belangrijkst: het ongunstige samenspel van factoren belemmert het kind dusdanig in zijn ontwikkeling dat leeftijdsadequate vaardigheden niet of lacunair tot stand komen, waardoor het dagelijks functioneren ongunstig wordt beïnvloed. Deze schadelijke stagnatie van de ontwikkeling is het criterium voor interveniëren. De interventie kan vervolgens gericht zijn op de kindkenmerken, de omgevingskenmerken en de interacties tussen beide (het systeem), maar ook op het verlichten van de ontwikkelingstaken of het verbeteren van het vaardigheidsprofiel van het kind teneinde de problematiek te behandelen of de ernst te verminderen. Het biopsychosociale model heeft in de kinder- en jeugdpsychiatrie invulling gekregen.

9.2 De introductie van marktwerking

De toegankelijkheid, de doelmatigheid en de kwaliteit van de zorg kon beter. In de gezondheidszorg en dus ook de ggz wordt marktwerking en ondernemersrisico geïntroduceerd. Het bedrijfsrisico wordt geleidelijk aan door allerlei maatregelen (die marktwerking stimuleren) opgevoerd, zodat nu daadwerkelijk ziekenhuizen en zorginstellingen failliet kunnen gaan. Iets wat in de tijd van de instituten nog ondenkbaar leek. Concurrentie moet de onzichtbare hand zijn die organisaties dwingt om goede kwaliteit, prettige bejegening en gunstige prijs, op een voor klanten (zorgverzekeraars) en cliënten zichtbare en aantrekkelijke manier, te realiseren. Groei en bedrijfscontinuïteit worden voor de organisaties de belangrijkste doelstellingen. Er moet bovendien vanuit marges een reserve worden opgebouwd om het toegenomen bedrijfsrisico op te kunnen vangen.

Het paternalisme, dat dominant was in de instituten, wijkt. De positie van de cliënt wordt versterkt met wetgeving en cliëntenraden; behandelinhoudelijk met shared decision-making. Het vak ontwikkelt zich in het nieuwe kader verder. Er komen stoornisgerelateerde interventies, parallel aan de farmacotherapeutische behandeling. Behandelingen worden geprotocolleerd; richtlijnen en evidence-based interventies moeten de praktijkvariatie terugdringen. Het predicaat 'goede' hulpverlening wordt niet langer verworven als de hulpverlener zélf tevreden is over de verleende hulp; er is pas sprake van 'goed' als de hulp aantoonbaar effectief is gebleken. De diensten diagnostiek en behandeling worden producten en gevat in productcategorieën. Op een manier die voor de meeste professionals onbegrijpelijk is.

De professionele oriëntatie, zo sterk ontwikkeld in de vorige fase, botst geregeld met de toegenomen aandacht voor concurrerende bedrijfsvoering. Vanuit hun opdracht richten professionals zich op professionele innovatie en op het inbouwen van kwaliteitselementen. Dit maakt de geleverde zorg meestal duurder. Anderzijds heeft het management (in samenspraak of op commando van de zorgverzekeraar) tot taak om er aan bij te dragen dat de geleverde zorg economischer wordt geleverd (korter, minder intensief, door goedkopere professionals geleverd, lean georganiseerd). Het appeltje moet worden geschild met een dunschiller en meestal is dit een verbetering. Groot is vervolgens bij veel professionals de verrassing dat een van de doelstellingen van de transitie wordt dat de dure specialistische zorg moet worden teruggedrongen ten gunste van goedkopere generalistische zorg. Terwijl de gemiddelde prijs van ggz-trajecten in vrijwel alle regio's beneden de gemiddelde prijs van trajecten van jeugd- en opvoedhulp ligt.

9.3 Anno 2015

De huidige praktijk van de kinder- en jeugdpsychiatrie heeft het zwaar. In de aanloop naar de stelselwijziging zijn er door stakeholders veel vragen gesteld over haar legitimiteit. De economisering, door de introductie van de marktwerking sterk gestimuleerd, keerde zich opeens als een verwijt tegen de sector. De hele sector werd verdacht van het scheppen van vraag door het creëren van nieuwe DSM-categorieën en het bijbehorende aanbod. Letterlijk wordt in de wet opgenomen dat medicalisering moet worden teruggedrongen.

Vrij onverwacht en hardhandig wordt de kinder- en jeugdpsychiatrie intensief geconfronteerd met een derde waardensysteem (naast het professionele waardensysteem en de oriëntatie op een gezonde bedrijfsvoering), namelijk een intensieve politiek-maatschappelijke bemoeienis met het *wat, hoe* en *wie* van de kinder- en jeugdpsychiatrische zorg. De organisaties zijn hiermee zogenaamde hybride organisaties geworden. Er moet een optimum gekozen worden in het voortdurende krachtenspel van de drie genoemde waardeoriëntaties.

De opdracht voor de kinder- en jeugdpsychiatrie is om in dit krachtenveld een nieuwe identiteit te verwerven. De professionele verworvenheden moeten worden verdedigd in een nieuwe taal. We moeten laten zien dat de kinder- en jeugdpsychiatrische diagnostiek onmisbaar is. En dat is wat anders dan alleen DSM-classificaties noteren ten behoeve van financiers en indicatieorganen. Daarnaast beschikken we over een groot arsenaal wetenschappelijk onderbouwde interventies waarvan de effectiviteit bewezen is. Hoewel er in iedere ontwikkelingsfase van de kinder- en jeugdpsychiatrie een nieuwe waardeoriëntatie bijkwam, wil dat niet zeggen dat de professionele deskundigheid mag worden ondergesneeuwd, net zomin als de kosteneffectieve werkwijze. Het dunschillertje mag niet worden weggegooid met de schillen.

Het voordeel van elke transformatie is dat nieuwe onderwerpen erom vragen om onder de professionele loep te worden genomen. Bijvoorbeeld: in het kader van eigen kracht wordt empowerment een sleutelbegrip dat wacht op een heldere definiëring en systematische en methodische bewerking vanuit de kinder- en jeugdpsychiatrie.

We zullen moeten blijven innoveren om met een kleiner budget het nodige te blijven doen. En laten we als experts in assessment, interventies en behandelrelaties ook eens over de grenzen naar de andere jeugdzorgdomeinen kijken (we zijn immers één sector geworden, dus laten we ons daar dan ook naar gedragen) en onze dunschiller gebruiken om mee te beoordelen wat daar bewezen niet-effectieve en kostenopdrijvende elementen zijn en verbeteringen aandragen die bijdragen aan de transformatiedoelstellingen. Verspilling in de ene kamer leidt namelijk tot onnodige tekorten in de andere. Dat is dienend leiderschap van de kinder- en jeugdpsychiatrie, die onder andere onderwijs, jeugdhulp, verstandelijk gehandicaptenzorg, jeugdbescherming en jeugdreclassering helpt om hun doelen te bereiken.

Literatuur

Sanders-Woudstra, J. A. R, Minderaa, R. B., & Verheij, F. (1982). Kinderpsychiatrie: Een vak en een identiteit. *Tijdschrift voor Psychiatrie, 24*, 257–265.

MIX
Papier aus verantwortungsvollen Quellen
Paper from responsible sources
FSC® C105338

If you have any concerns about our products,
you can contact us on
ProductSafety@springernature.com

In case Publisher is established outside the EU,
the EU authorized representative is:
**Springer Nature Customer Service Center GmbH
Europaplatz 3, 69115 Heidelberg, Germany**

Printed by Libri Plureos GmbH
in Hamburg, Germany